20대 남자, 이대남은 지금 불편하다

20대 남자, 이대남은 지금 불편하다

초판 1쇄 인쇄 2021년 11월 17일
초판 1쇄 발행 2021년 11월 24일

지은이 정여근
펴낸이 이범상
펴낸곳 (주)비전비엔피 · 애플북스

기획편집 이경원 차재호 김승희 김연희 고연경 박성아 최유진 황서연 김태은 박승연
디자인 최원영 이상재 한우리
마케팅 이성호 최은석 전상미 백지혜
전자책 김성화 김희정 이병준
관리 이다정

주소 우)04034 서울시 마포구 잔다리로7길 12 (서교동)
전화 02)338-2411 | **팩스** 02)338-2413
홈페이지 www.visionbp.co.kr
인스타그램 www.instagram.com/visioncorea
포스트 post.naver.com/visioncorea
이메일 visioncorea@naver.com
원고투고 editor@visionbp.co.kr

등록번호 제313-2007-000012호

ISBN 979-11-90147-75-0 03300

도서에 대한 소식과 콘텐츠를
받아보고 싶으신가요?

대한민국에서 살아가는
20대 남성들의 현타 보고서

20대 남자,
이대남은 지금 불편하다

정여근 지음

애플북스

아무것도 아닌 자

고전 『오디세이아』에서 영웅 오디세우스는 자기 자신을 'outis', 즉, '아무것도 아닌 자'로 지칭한다.

살기 위해였다. 자기 동료를 머리부터 씹어 먹는 거인으로부터 자신을 지키기 위해서.

[이대남]은 스스로 아무것도 아닌 자가 될 것을 결심했다. 그들을 마음대로 씹어 먹으려는 세상으로부터 자신들을 지키기 위해서.

다시 마음 편하게 자신을 드러낼 그 날을, 나름의 정체성을 회복할 그때를 꿈꾸면서.

오디세우스는 죽을 고비를 넘기며 결국 자기 인생의 승리자가 되었다.

[이대남], 그들도 언젠가 삶의 주인공이 되었으면 좋겠다.

자신의 이름을 꼭 되찾았으면 하는 바람이다.

지켜주지 못해서 미안할 뿐인 한 남자가 미안한 마음을 담아

정여근

목차

chapter 2 등급 외 인간

chapter 3 늘 당하고만 사는 중입니다

chapter 1

'핫플'엔 [이대남]이 없다

갈 곳이 없다

소위 좋은 직장이라고 하는, 최상위 일자리의 남녀 입사 비율은 일방적인 여자의 우세승으로 끝나는 모양새다. 누구나 원하는 '좋은 일자리'는 남자를 제치고 여자들이 독차지하는 상황이 됐다. '좋은 일자리'에 대한 욕심? 의욕? [이대남]은 그런 거 이미 버린 지 오래다. 사실 '그저 그런' 단기 일자리도 구하기가 힘들다. 반면 또래 여자들의 이야기는 남의 나라 얘기다. 대기업에 재직하면서도 여행경비를 마련하기 위해 음식배달 라이더를 취미로 한다는 이십 대 여자의 이야기를 듣다 보면 저절로 분노가 끓어오르지만 어쩌랴. 결국 스스로 삭일 수밖에 없는데.

'겨우, 서른'의 문턱인데 대학 동기인 '여사친'은 대리가 되었네, 파트장이 되었네 하면서 자랑한다. 반면 [이대남]은 졸업 후 몇몇 알바를 전전했을 뿐 아무것도 이룬 게 없음을 자각하고 또래 여성과의 격차를 실감한다. 아니 세상이 '남자'라는 고유명사에 온갖 혐오의 뉘앙스를 갖다 붙이는 바람에 '뭔가 좀 우아하면서도 있어 보이는' 알바는 꿈도 꾸기 힘들게 되었다.

물론 우리 사회의 뿌리 깊은 가부장적 행태와 사회적으로 강요된 성 역할에 대해선 [이대남]도 반대다. 기성세대의 지독한 마초문화와 '남존여비' 사상에 기초한 불합리하고 차별적인 성 역할 강요는 유통기한이 지난 구시대의 유물이라고 여긴다. 지금 이십 대 남자와 여자가 싸워야 할 대상은 '서로'가 아니라 낡고 불합리한 사회 제도와 관습이어야 한다.

'신자유주의 경제체제 아래에서 자연스레 약자로 전락한

젊은이들이 함께 어울려 평등한 삶의 가치를 발견하고 여기서 파생되는 모든 형태의 소수자들 역시 평등하게 살아야 한다'는 평화적이며 아름다운 이야기를 [이대남]은 원한다. 하지만 과연 세상이 그리 만만한가. '혐오'를 통해 [이대남]을 일방적으로 몰아붙이는 덜떨어진 우월주의자 혹은 열등감 환자들의 찌질한 감성이 주류를 차지하는 것이 지금의 현실이다.

흔히 말하는 '중경외시' 중 한 대학의 어문계열을 졸업한, 한편으론 운동하기를 좋아해 개인 헬스 트레이너를 꿈꿨던 [이대남]에게도 사회는 냉정했다.

과외를 하려고 했습니다. 무조건 여자 우선이더군요.
자녀가 여학생이면 선생님이 남자라 걱정이 된다며
여대생을 원하고 자녀가 남학생이면
집에 남자 들이기가 겁난다고 여대생을 원하고.
개인 헬스 트레이너요? 마찬가지였습니다.
여자회원은 남자가 자기 몸 건드리는 게 싫다고

여자 트레이너를 원하고, 남자회원은 여자가 자기 몸 건드리는 게 낫다고 여자 트레이너를 원하고.

차라리 여자로 태어났어야 한다고 [이대남]은 말했다. 최선을 바라지만 실상은 최악만 마주치고 있는 웃픈 현실 속에서 [이대남]은 지금 갈 곳이 없다.

출발선이 다른데

남자 나이 28세, 여자 나이 28세. 동일한 나이지만 직장에서 남자는 갓 입사한 신입사원이고, 여자는 대리 혹은 과장 직급을 달고 있는 경우가 많다. 이는 출발선이 다르기 때문이다. 대학을 졸업하고 이십 대 초중반에 사회생활을 시작하는 여자, 건강한 남자라면 피할 수 없는 군대를 다녀와 이십 대 후반이 돼서야 사회생활을 시작하는 남자. 이미 출발선이 다른데도 세상은 "왜 같은 나이에 아직도 그 모양이야?"라는 말을 아무렇지도 않게 내뱉는다. 평소엔 "결과보다 과정이 중요하다"고 떠들면서 막상 현실에선 결과만 갖고 평가하는 더러운 세상.

'비교'는 인간의 감정을 우울하게 만드는 첫 번째 요소라고 한다. 하지만 [이대남]은 '내가 왜 이런 비교를 당해야 하는지' 한탄하며 마냥 우울해할 수도 없다. 우울하다고 하면 '남자가 고작 이런 일로 우울해한다'고 타박받을 게 뻔하기 때문이다. 요즘 여자들이 얼마나 당찬데 그런 약해빠진 정신으로 경쟁에서 이길 수 있겠느냐는 질타가 쏟아진다나.

언젠가부터 남자 중학생이 고등학교를 선택할 때 '여학생이 많지 않은 학교'가 중요한 기준이 됐다고 한다. '평균적으로' 공부를 잘하는 여자 동급생 틈에서 허접한 내신 성적으로 들러리 서기는 싫다는 남자들의 처절한 몸부림인 것이다. 직장에서도 마찬가지다. 이왕이면 맘 편하게 여자 없는 부서에서 일하고 싶다는 게 요즘 남자들의 최대 희망 사항이다. 그럴싸한 대기업의 있어 보이는 부서, 대표적으로 홍보부나 인사부가 여자 세상이 된 건 어제오늘의 일이 아니다.

이젠 너무 자연스럽게 리더 자리를 차지하고 있는 여자

상사의 성향에 맞추기 위해 식습관까지 바꾸는 남자들이 많아졌다고 한다. 까다로운 여자 팀장님의 심기를 거스르지 않기 위해 평소 입에도 안 대는 샐러드를 점심으로 먹으며 언제 끝날지 모르는 여자들의 수다에 맞장구치고 있는 남자들의 모습이 더는 낯설지 않다.

동년배 여자들도 모자라 조금 더 나이가 많은 삼사십 대 여자 상사에게 질식당하기 일보 직전에 놓인 자가 바로 [이대남]이다. 나보다 더 좋은 학교를 나왔고, 더 윤택한 가정환경에서 자랐으며, 재능까지 많은 여성에게 주눅 들다 보니 자존감이 현저히 낮아졌다는 푸념을 그냥 변명으로만 듣기에는 상황이 심각했다. 더 싫은 건 그걸 굳이 꼬집어 비교하는 남자 선배들이란다.

(남자) 팀장님이 그러더군요.
"○○ 씨는 퇴근 후 필라테스도 하고, 독서 모임도 나가던데, 당신은 뭐해? 문화생활 좀 해라. 응?"

여자 직원인 OO 씨의 SNS를 보니 엄청 여유롭고
문화적이며 속된 말로 있어 보였다면서,
매번 술 마시고, 농구 하는 게시물만 올리는
저와 비교된다고 하더군요.

'암바'를 걸어서 넘어뜨리고 싶었습니다.
'퇴근하는 나를 붙잡고 매일 술 마시자면서,
그렇게 접대부 취급한 게 누군데?'

여자 동기인 OO 씨에게는 말 한마디도 제대로 못 하면
서 만만한 자신은 마치 노예 다루듯이 대하는 남자 팀장의
이중성에 치가 떨린다는 거였다. 평일에는 같이 저녁 먹어줘
야 하고, 주말에도 같이 골프 치자고 성화더니… 그래놓고는
여자 동기와 있는 자리에서 노골적으로 [이대남]을 몰아가
는 그의 모습은 잔인하기 이를 데 없었단다. '혹시 여자 동기
에게 흑심 있는 것 아니야?'라는 생각이 들 정도라고.
　차라리 그런 거라면 마음이라도 좀 편할 텐데 말이다.

[이대남]의 SNS… 누가 봐도 누추한 건 사실이다. 게시물이라고 해봐야 게임 캐릭터 소개, 흥청망청 술자리, 아니면 '영끌'해서 할부로 산 BMW(물론 중고다!) 자랑이 전부인 [이대남]의 SNS에 비하면 예술의전당에서 오페라를 보고, 일본 온천 여행을 다녀오며, 연예인 못지않은 외모의 친구들과 파티 셀카를 찍어 올리는 이십 대 여자 동기의 SNS는 다른 세상을 사는 듯 반짝반짝 빛나 보인다.

'리얼 라이프'에서도 뒤처졌는데 '쇼윈도 라이프'에서도 일방적으로 난타당하고 있는 [이대남]의 마음이 편할 리가 없다. 출발선이 달랐기에 늦을 수밖에 없다는 항변에도 불구하고 오늘도 '냉정하게' 비교를 당하고 있는 [이대남]의 마음속에는 열등감을 넘어 우울함이 점점 퍼지고 있다. 그렇게 [이대남]은 움츠러들고 있다. 지금도.

남자 vs 여자 vs [이대남]

　[이대남]은 삼사십 대 여자들이 제일 싫다. 그중에서도 피아식별조차 제대로 못 하면서 목소리만 크고 말까지 많은, 소위 '여성단체'라는 곳에 있는 삼사십 대 여자들은 치가 떨린다. '종로에서 뺨 맞고 한강에 와서 화풀이하는' 억지 춘향의 논리를 내세우는 '그들'의 모습을 보면 어이가 없다.

　종로? 오십 대 이상의 남자와 여자다. 한강? [이대남]이다.

　'남자'라는 카테고리로 모든 세대 남자를 하나로 묶어 폄

훼하는 삼사십 대 '일부' 여자들의 사고방식은 천박하다. 세상을 이분법적으로 '남자 vs 여자'로 편 가르려는 그들 때문에 괜한 시선을 받아야 하는 [이대남]의 불편함에 관해선 관심조차 주지 않는 그들의 인권 의식이 의심스럽다. 물론 '그들'이 상황을 왜곡하는 의도가 있음을 모르는 바는 아니다. 다 먹고 살아야 하니까 어떻게 해서든지 남자와 여자를 서로 적대시하게 만들려는 얄팍한 속셈도 알만하다. 하지만 그것도 정도껏 해야 하지 않은가. 번지수를 제대로 찾아서 목소리를 높이는 게 맞지 않는가.

기업 대표, 장관, 국회의원 등의 숫자에서
여자보다 남자가 많다고요?
그런데요? 그게 우리하고 무슨 상관이죠?
우리는 이십 대 여자와 비교를 해주세요.
왜 우리의 정체성을 뭉뚱그려
오륙십 대 남자들과 같은 것처럼 말하는 거죠?

"세상은 남자 거다!"라고 악을 쓰는 '일부' 여자를 보면

- 그냥 '여자를 보면'이라고 하는 게 편하지만 똑같은 사람이 되기 싫어서 '일부'라고 강조점을 둔다! - 도대체 왜 저렇게 핏대를 세우는 걸까, 의아하다가도 어느 땐 도대체 뭘 알고 저러는 걸까 싶어 어이없을 때도 있단다. 특히 취업할 때 여자가 남자보다 불이익을 받는다는 말에는 도저히 동의할 수가 없다고 했다.

2021년 MBC 문화방송 기자 채용

남자 대 여자 성비를 확인해보세요.

2021년 교원 임용고시

남자 대 여자 성비를 확인해보세요.

2021년 판사 신규임용

남자 대 여자 성비를 확인해보세요.

여기서 약자는 이십 대 여자가 아니에요.

바로 이십 대 남자죠.

이런데 도대체 왜? 이미 이삼십 대 여자들은 그 또래의 남자들과 수치적 평등, 아니 수치적 우위를 이루어냈다. 편 가르기도 정도껏 해야 할 것 아닌가. 최소한 [이대남] 앞에서만이라도 자제를 하던지. 그런데도 남자를 파괴의 대상으로 보기만 할 뿐 더 나은 세계를 건설하는 데 힘을 합쳐야 할 파트너로 여기지 않는 일부 여자들의 '그들만의 연대' 타령은 정말로 이해가 안 된다.

[이대남]은 오늘 하루를 대충 수습하면서 살기도 바쁘다. 이런 그들의 영혼에 얼토당토않은 공격을 함부로 던지지 않았으면 한다. 예를 들어 중년 여자 보험설계사의 설 자리를 빼앗은 주체는 젊은 남자 보험설계사가 아니라, 실적을 올리기 위해 직원이 가진 직장경력과 인맥을 총동원하지 않으면 안 되게 설계된 — 보험회사 설계사를 준비한 적이 있기 때문에 말할 수 있다. — 보험회사의 영업방식 때문이라는 것 정도는 좀 알고 나서 말하자는 것이다. 남자가 여자를 쫓아낸 게 아니라!

피아식별만이라도 제대로 하고서 말인지 막걸린지를 하라는 것. 이 정도도 못 해줘서야, 아니 안 해줘서야 되겠는가 말이다. [이대남]도 '눈에는 눈, 이에는 이'라면 얼마든 오케이다. 누가 적이고, 누가 아군이며, 누가 관계없는 사람인지 정도는 판단할 줄 아는 상태에서 '빽!' 소리를 지르든지 말든지 하라는 게 [이대남]의 소박한 바람이다.

남자니까 아프다

[이대남]은 아프다. 사장의 거친 말투와 부당한 대우를 견디다 못해 일주일 만에 알바를 그만두면 "남자가 그것도 못 참고"라는 질책부터 돌아온다. 군대 2년의 공백을 메우기 위해 밤낮 고시원에 틀어박혀 한국사 교재를 암기하다 잠깐 술 한잔 생각나 외출하려고 해도 "그러니 남자가 합격을 못 하지"라는 말이 날아온다. '아프지 않은' 세상 사람이 '아픈' [이대남]을 대하는 방식은 일단 '의심'에 기초한다. 부당한 대우를 받았음에도, 그만할 만해서 그만두었음에도 단순히 '꾀부린다'고 넘겨짚는다. 타인의 몸과 마음을 의심할 권

리라도 있는 것처럼.

　[이대남]에겐 시간이 없다. 아니 정확히는 아프면 회복하고 돌아올 시간이 없다. 아프면 바로 배제되는 게 당연한 세상이다. 누구나 아프면 회복하는 데 시간이 걸린다는 것을, 어떨 때는 긴 시간을 들이고도 온전히 회복하지 못하고 돌아올 수밖에 없음을 세상이 인정해주길 바란다. 아프지 않은 사람은 없다며 혹시 낫지 않더라도 돌아오라고 말하는 세상에서 [이대남]은 살고 싶다. 정상적인 사람만 인정하는 편협한 세상이 아니라 그렇지 않은 이들도 얼마든지 섞여서 함께 일하고 공부하며 어울릴 수 있는 당연한 세상을 꿈꾼다.

　하지만 세상은 아픈 [이대남]을 관계나 제도에서 배제하고, 또 기회를 박탈한다. [이대남]이 왜 아픈지 그 원인을 찾고 해결하는 대신에 범인으로 지목해 공격하는 방식으로 문제를 해결하려 든다. 진짜 있는지조차 모르는 범인을 찾느라 [이대남]이 시들고 있는 것엔 관심도 없다. 그 덕분에 오늘도 [이대남]은 취업전선에서, 그리고 취업 후의 직장에서 무례한 질문을 시도 때도 없이 듣는다. 취업하기 힘든 세상, 직장 다니기 만만치 않은 세상이라고 하지만 정작 그 취업의 문 앞에서, 직장의 문턱에서 그들은 좌절한다. '우문(愚問)'을 듣고서도 '현답(賢答)'을 강요받는 현실이 [이대남]을 아프게 한다. 아프게 하는 말들에는 꼭 '남자니까'라는 말이 붙는다.

남자니까 편하게 질문하겠습니다.
몇 살 때 부모님이 이혼했어요?
어머니 직업은 뭐예요?
여자 친구 있어요?
남자니까… 결혼해서 살 집은 준비가 되었나요?
야근도, 주말 특근도 많은데 괜찮죠? 남자니까…

'불편하면 대답하지 않아도 된다'라는 전제를 깔긴 하지만 애초에 그런 불편한 질문을 하지 않으면 된다. '불편해서' 대답하지 않으면 '아주 당당한 친구네' 하면서 뽑아줄 건가. '남자니까…'라는 단어 하나로 무례함을 '퉁'치려 드는 세상의 말들로 인해 [이대남]은 오늘도 상처받는다. 취업을 위해 거쳐 간 수많은 면접 현장에서, 또 취업 후에는 선배들의 무례한 질문에 시달리다가 우울증에 걸렸다는 [이대남]이 속출하는 이유다. 개발자를 뽑으려면 개발 능력이나 역량을 질문하면 된다. '남자니까…'라는 말로 모든 불편과 고통을 [이대남]의 몫으로 넘겨선 안 되는 거다.

우리는 모두 아픈 사람들이다. 큰 병에 걸린 사람에게 "네가 운이 없어서 걸린 거다"라고 하는 게 실례가 되듯 아픈 [이대남]을 두고 '정신력이 약해서 생긴 문제'라고 생각하는 것도 수준 이하의 사고방식이다. 타인의 고통에 대해 최소한의 고민이라도 할 줄 안다면 '남자니까…'라는 단어를 함부로 쓸 일은 없을 텐데 말이다.

소음 유발자에 대한 살의

주말 강남역 인근의 태극기 부대.

확성기 틀어놓고 "나라가~" 어쩌고저쩌고…

"동지여!", "투쟁이다!"

앰프를 찢고 나오는 노동가만 열일하고

정작 자신들은 그늘에서 쉬고 있는 무슨 노총…

버스정류장에서 버스는 안 타고

확성기로 '예수님'만 외치는 할아버지…

확성기를 빼앗아 던지고 싶어요.

취업 걱정으로, 알바 걱정으로 하루하루 시들고 있는데,

그래서 좀 쉬고 싶은데,

기계로 소리를 증폭시켜서 뜬구름 잡는 소리만

지껄이고 있으면 나도 모를 짜증이 증폭되니까요.

소리가 증폭되면 짜증도 증폭된다고요.

나중에 확성기 들고 있다 죽은 사람 있으면

앰프 틀고 집회나 시위하다가 죽은 사람 있으면

제가 그런 겁니다.

태극기를 아끼는 사람이라면

노동자를 위한다는 사람이라면

하나님을 진정 사랑하는 사람이라면

확성기 쓰지 말고

진짜 목소리로만 말하세요.

거기까지는 내가 봐줄 테니까.

세상에 지친 [이대남]의 무의미하고 무분별한 소음에 대한 의견, 잘 새겨듣고 오래 살고 싶다면 부디 조심하길. 그의 '살의'에 희생당하지 않기를 바란다면.

성희롱도 내로남불

[이대남]이 자신의 SNS에 이런 글을 썼다고 해보자.

"C컵도 감당하지 못하는 풍만한 가슴과 말할 필요 없이 섹시한 외모는 나를 설레게 했다."

"서양 여자는 도대체 나이를 가늠할 수가 없다. 이제 막 성인이 되었음에도 섹시하고 사랑에 빠질 것 같은데, 뉴욕은 그런 젊은 여자 천지다. 꽉 끼는 비키니 위로 펼쳐지는 가냘픈 허리, 미묘하게 움직이는 실루엣을 선글라스 안으로 부지런히 훔쳐보는 것만으로도 이 수영장은 뉴욕 최고의 순간을 선사했다."

은밀한 '시선 강간범'이라면서 비난받지 않을까? 그렇다
면 이 글은?

"헐렁한 티셔츠가 미처 감당하지 못한 딱 벌어진 어깨와
말이 나오지 않는 젠틀한 외모는 나를 설레게 했다."
"서양 남자는 도저히 나이를 가늠할 수가 없다. 나이가 꽤
들었음직함에도 섹시하고 사랑에 빠질 것 같은데, 뉴욕은 그
런 중년 남성 천지다. 꽉 끼는 수영복 위로 드러나는 기가 막
힌 복근, 미세하게 움직이는 근육들을 선글라스 안으로 부지
런히 지켜보는 것만으로도 이 수영장은 뉴욕 최고의 순간을
선사했다."

한 '여성' 여행작가가 쓴 글의 일부이다. 과연 그녀에게도
'시선 강간범'이라는 혐의를 씌울 수 있을까.

[이대남]의 생존요령

[이대남]은 강남의 한 백화점 2층, 명품매장에서 근무
했다.

저요? 키 183cm입니다.

명품매장에서 일하려면 기본적으로 키가 커야 해요.

올블랙이 잘 어울리는 깔끔한 외모면 좋죠.

여자 직원이 대부분 아니냐고요?

명품매장에 안 와보셨죠?

모델 같은 남자 직원을 원합니다.

명품들과 함께 전시되고
눈이 호강하는 비주얼을 제공해야 매출이 상승하니까요.
명품매장에서 돈 쓰는 건 사오십 대 여자들이니까.
그분들 눈을 즐겁게 해드려야죠.

기분 나쁘지 않냐고 물어봤다.

서늘하죠.
그래도 뭐 어떻게 합니까. 참아야죠.
그게 급여를 받는 사람의 인내심 같은 것이니까.

일종의 '시선 강간' 아니냐고 재차 질문했다.

에이, 그럼 집에 있어야죠.
제가 하는 일이 고객 시선을 사로잡는 것,
일종의 친밀한 응대를 행하는 건데요.

보통의 한국 남자는 갖지 못한 육체적 매력이 저에게

있다는 것을 다행이라고 생각합니다.

참, 저희 매장은 인센티브 구조가 잘 되어 있어서

많이 팔면 많이 벌 수 있습니다.

저한테도 좋은 거죠.

업무 능력과 상관없는 외모 평가와 자신에게 부여된 외모 가꾸기 책임을 아무런 저항 없이 받아들이는 그의 모습은 안쓰럽지만 그래도 응원을 보내고 싶다. 이 또한 세상에서 살아남기 위한 [이대남]만의 생존요령일 테니까.

리액션을 강요하지 마

꼰대가 '손하트' 같이 하자는 거 '극혐'입니다.
그냥 하던 대로 '파이팅'이나 외치라고 하세요.

손하트가 잘못은 아니라고 했다. 하지만 정말 하기 싫다
고 말했다. [이대남]을 병풍 삼아 사진 찍기 좋아하는 꼰대
를 보면 소름이 끼친다나. 뭐 하는 짓인지 모르겠단다. 자기
집에 가서나 손하트를 날릴 것이지 왜 공적인 자리에서 손
하트라는 낯부끄러운 리액션을 강요하는 것인지 짜증이 난
다고 말이다. 손하트 날리기 전에 허연 코털이나 잘 뽑고 다

니라고 말하고 싶단다.

　말 많은 '오지랖퍼'들도 [이대남]은 싫다고 했다. 택시를 탈 때 재수 없이 말 많은 운전기사한테 걸리면 피곤하단다. 사람들이 여타 대중교통보다 훨씬 비싼 택시를 타는 이유는 편하게 이동하고 싶어서일 것이다. 그런데 젊은 사람을 손님이 아니라 말동무라고 생각하는 기사를 만나면 목적지로 가는 길은 그냥 '헬'이 된다. 그만하라고 소리치고 싶다가도 혹시 맘 상할지 몰라서, 아니면 보복으로 난폭운전이라도 할까 걱정돼서 택시기사가 응원하는 프로야구단을 함께 응원하고, 지지하는 정당에 호의를 보여야 하는 [이대남]의 현실은 답답하다.

왜 우리가 정치인의 사진 들러리가 돼

맘에 없는 손하트를 날려야 하고

내 돈 내고 타는 택시에서조차

기사의 무료함을 덜어주기 위해

말동무를 해야 하는지 모르겠어요.

기성세대의 리액션 도구로 살아야 하는

그런 존재가 아니란 말입니다.

언젠가 한 인터넷 커뮤니티에 올라온 한 줄짜리 글에 [이대남]이 열광한 적이 있다. 그 내용은 단순했다. '자주 가는 카페에서 주인이 아는 척해서 이제 안 가… ㅠㅠ' 성격 참 까칠하다고? 과연 그러한가. [이대남]은 익명으로 존재할 때 편안함을 느낀다. 나를 위한 친절이라지만 그것이 [이대남]을 불편하게 하는 경우도 많다. 그러니 잘 모르면 제발 그들을 그냥 좀 놔두시라.

'핫플'엔 [이대남]이 없다

2021년 서울시장 보궐선거 출구조사 결과 이십 대(18~29세) 남성의 72.5%가 보수진영이라는 '국민의힘'을 찍었다고 한다. 이에 언론들은 '현 정권에 대한 분노', '페미니즘에 대한 반발' 등 이십 대 남성을 분석하는 기사를 연일 쏟아냈다. 한 연구자는 이를 두고 '지나친 호들갑'이라고 말하며 이렇게 해석했다. "이십 대 남성을 분석하려는 이 움직임 자체가 남성 권력을 보여준다." 정치적 해석의 대상에서조차 배제되고 있다면서 이십 대 여성의 처지를 한탄하는 이 기사를 바라보는 [이대남]의 마음은 답답하다.

피해망상증에 걸린, 아니 걸린 척하는 여자가

남녀 대결을 부추기는 거 같지 않아요?

그런 논리로 돈벌이를 하겠다는 마음,

먹고살려는 마음, 이해 못 하는 바는 아니지만…

지금 이십 대는 여자가 우성이고,

남자가 열성이라는 걸 왜 숨기는 걸까요?

[이대남]. 현대사회에서는 아무런 힘이 없다. 이들을 대표
하는 이름도 없고 목소리도 없다. 그들은 사회에서 철저하게
소외되어 있다. 그런 상황에서 정치권에서 오랜만에 [이대
남]에게 관심을 두려고 하는데 그조차도 '이십 대 여자가 먼
저'라며 징징대는 걸 보면, 정말 징그럽다고 했다.

솔직히요. 그냥 우리에겐 관심 두지 않았으면 좋겠어요.

그냥 알아서 잘살라고 해주세요.

지겨우니까.

대신 대단한 걸 요구하지 말아 주세요.

[이대남]의 말에선 허탈함이 느껴졌다. 이길 수 없는 싸움을 잘 알고 있는 듯했다. 오늘도 빙수와 디저트를 배달하면서, 이름 대신 '어이', '저기요', '야'로 불리는 그들의 포기가 안타깝다. 눈에 띄지 않는, 아니 누구도 관심을 두지 않는 곳에서 일하고 있는 이들의 대부분을 차지하기에.

평일 낮에 '힙지로' 골목골목에 자리 잡은 '핫'한 카페에서 그들을 찾기는 거의 불가능하다. 주말 미술관엘 가도, 퇴근 후 책을 읽고 함께 토론하는 독서 모임엘 가도 [이대남]은 없다. "이십 대 남성을 분석하려는 이 움직임 자체가 남성 권력을 보여준다"라면서 남녀 대결을 이십 대로까지 확대시키고자 했던 연구자에게 [이대남]은 말하고 싶단다.

> 토요일 점심시간 전후해서 인스타에 '핫'한 카페
> 딱 세 곳만 다녀보세요.
> 거기에 있는 남녀, 연령의 비율이
> 지금 대한민국 권력의 비율이니까요.

소외되고 상처받았지만 묵묵히 자기 할 일을 하는 [이대남], 제발 좀 건드리지 말자.

남녀 다툼에 미소 짓는
'그들'의 정체

여자들이 말하는 남자로서의 특권(?)은 사십 대 이상의 남자들이 모두 가져갔다. 반면에 남자여서 얻게 된 혐오는 [이대남]에게 모두 쏠렸다. 물론 [이대남]도 안다. 만나면 '죽빵'을 갈기고 싶은 주변의 극히 '일부' [이대남]이 평범한 [이대남]을 대표하게 되었다는 것을.

속칭 'N번방' 사건의 뭣도 아닌 양아치들, 귀가하는 여성의 뒤를 따라 원룸으로 들어가려던 또라이들, 클럽에서 만난 여자 술잔에 약을 타서

집단 강간을 하려던 벌레들,

여자들이 혐오하는 것의 딱 두 배 만큼

우리도 그런 인간들 혐오합니다.

그냥 눈알을 파고, 성기를 자르고,

손목을 잘라버렸으면 합니다.

그런데 왜 저를 그런 인간들과 같다고 생각하는 거죠?

단지 같은 남자라서?

　[이대남]은 제발 이런 문제는 법으로 해결해주기를 바란다고 했다. 2016년 '강남역 살인사건' 이후 '여자라는 이유로 죽을 수도 있겠구나'라는 인식과 함께 남자를 '잠재적 강간범'으로 취급하는 분위기가 생겨나기 시작한 걸 안다. 하지만 [이대남]은 여자라는 이유로 아무나 죽이지 못한다. 아니 정말 진심으로 죽이고 싶은 사람이 있어도 차마 살인은 생각할 수도 없는 사람이다. 제발 이런 'X 같은 인간'들로 인해 [이대남]의 본질이 폄하되고 마구잡이로 일반화되기 전에 법으로 엄격하게 다스려달라는 말이다. 그리곤 덧붙였다.

다음 대선 때는 사형제 찬성 여부가 아니라 사형 집행을 명확하게 주장하는 후보에게 투표하고 싶다고. 특히 [이대남]을 망신시키는 '일부' [이대남]에 대한 처벌은 가중처벌하면 좋겠다고.

하지만 정신질환자의 범죄에, 아무도 이해하지 못할 '묻지마 범죄'에, 군이 '여성 혐오 범죄'라는 프레임을 씌우고자 아등바등 우기는 여자들에 대해서는 말하고 싶지 않다고 했다. 우리 시대 최고 권력을 지닌 여자들이 그렇다는데 그런가 보다 해야지 뭐 별수 있겠는가.

[이대남]의 고민은 말해봐야 소용없는 '여성우위' 사회에서 어떻게 조용히 숨어서 지낼 것인가에 있다고 했다. 하지만 그럼에도 [이대남]은 오늘도 혐오의 대상, 경멸의 대상으로 세상 사람들의 입에 가십거리로 소비되고 있다. 외국인을 향한 적대감은 외국인이 없는 곳에서 가장 큰 것처럼 [이대남]을 향한 적대감도 [이대남]이 사라진 곳에서 무차별적으로 확대되고 있다.

[이대남]도 밤늦게 인적이 드문 외진 길에서 누군가 자기의 뒤를 따라온다면 알 수 없는 두려움을 느낀다. 즉, [이대남]에게도 '묻지마 범죄'의 희생양이 될 수 있다는 두려움이 있다. '안전'에 있어서는 남자, 여자 구분 없이 적절한 제도와 대책이 마련돼야 하는데 위협을 가하는 사람을 '남자 그 자체'라고 규정하는 건 문제가 있지 않냐는 게 [이대남]의 분노였다. 왜 사건의 본질은 회피한 채 가해자를 [이대남]과 동일시하는 건가.

　남녀의 다툼이 가열될수록 자기들의 입지가 강화되고, 명예를 얻으며, 돈을 버는 사람들이 있다. 남녀 다툼을 격화시키고 미소 짓는 사람들이 바로 그들이다. [이대남]에 대한 철저한 불신에 기초하여, 일종의 도구로서 해석하는 '불순한 그 누군가'의 노리갯감이 되기를 거부하는 [이대남]의 마음, 우리가 지켜줘야 하지 않을까.

왜 그녀들은 아직도 배가 고플까?

[이대남]은 그 잘난 이십 대 여성의 배고픔 타령이 못마땅하다고 했다. 뭐가 그리도 아쉬운지 나날이 발전하는 여권 신장 환경에서도 여전히 '배고프다' 하는 게 꼭 걸신들린 사람 같다는 거였다. 특히 [이대남]이 그토록 증오하는 건 현 정권을 평가하는 이십 대 여자들의 생각이다.

그들은 주장합니다.

"여성 장관을 등용하려고 노력한 점은 평가할 만하다.

그러나 국민으로서 개별 여성의 삶에는 큰 변화가 없었다."

"대통령은 페미니스트 대통령이 되겠다고 말했다.

하지만 그 이후로 기억에 남는 정책이 없다."

"여성을 대상으로 한 범죄에서 가해자들에게

합당한 처벌이 내려지지 않았다. 외려 피해자들에게

비난이 쏟아지는 경우가 많았다."

하지만 우리 이십 대 남성에겐 '~하겠다'는

그 흔한 립서비스조차도 없었다는 거 알고 말하는 건가요?

물론 [이대남]도 어느 정도 인정은 한다. 위와 같이 말하는 '이십 대 여성'을 대표하는 무리들은 특정 단체일 뿐 전체 이십 대 여성을 대표하는 것이 아님을. 참고로 [이대남]은 28세다. 27세의 여성을 애인으로 사귀고 있다. 참고로 [이대남]의 여자 친구는 세상의 안전과 위협에 대해서는 분노하지만 그것을 '남성'이란 키워드로 일반화해 모든 탓을 돌리지 않는다고 했다. 그녀는 [이대남]의 의견에 동조했다.

저도 알아요.

목소리 큰 여성 몇 명이 마치 전체의 대표인 양

과욕을 부리고 있다는 걸요.

하지만 정도껏 해야죠. 그것도.

　안전하고 공정한 사회를 만들기 위해서는 이십 대 남녀
는 함께 뛰는 파트너여야 한다. 하지만 여전히 세상의 일부
(저의가 의심스러운) 세력들은 남녀의 대립을 부각시키며, 이들
이 파트너가 아닌 적이 되기를 은연중에, 아니 노골적으로
원하고 있다. 아직은 혼란한 세상이라 이런 세력들의 농간에
휘둘리고 있지만, 정상적인 세상이 온다면 서로를 적대시하
는 이런 혼란은 사라질 것이라는 게 [이대남]의 기대다.

징집이 권리냐?

"군대, 꼭 가야 하나? 아니 왜 가야 하나?"

[이대남]의 의문이다. 사실 그렇다. '헬조선'이라면서 스스로 비하하는 데 익숙한 우리나라 사람들. 정작 자신들이 그렇게 우습게 여기는 대한민국이 세계 군사력 평가에서 몇 위인지는 아는지 모르겠다. 무려 6위다. 우리보다 힘센 나라가 5개국 밖에 없는 군사 강대국, 한마디로 싸움 좀 한다는 뜻이다. 반면 핵이네, 장사정포네 자랑하는 북한의 군사력은 25위다. 참 가소롭다.

미국의 군사력 평가기관인 글로벌파이어파워(GFP)가 분석한 2020년 국가별 군사력 순위에서 대한민국이 6위에 기록됐다. 21일 GFP 홈페이지에 올라온 자료를 보면 한국의 올해 군사력 평가지수는 지난해 7위에서 한 단계 오른 6위를 차지했다. (1위는 미국, 2위는 러시아, 3위는 중국, 4위는 인도, 5위는 일본이 각각 차지했다.) (천지일보, "세계 군사력 평가서 6위 차지한 한국… 북한은 25위로 하락", 2020.07.01)

궁금하다. 요즘 세상에 굳이 군이 군사력으로 세계 6위까지 해가면서 살아야 하는지. 그냥 한 10위 정도에서 만족하면 안되나. 왜 이런 말을 하느냐고? 제발 멀쩡한 [이대남]을 군대로 끌고 가지 않았으면 해서 하는 말이다. 징집 대상인 자로서 그렇게 많은 사람을 꼭 군대로 데려가야 하는지 의문이다. '경계근무'를 예로 들어보자. 꼭 철책에 [이대남]을 촘촘히 세워놓아야 하는 건가? 지금이 어떤 세상인가. 거리마다 CCTV가 있어서 누군가와 어깨만 부딪혀도 다 찾아낼 수 있는 시대 아닌가. 노상 방뇨 한 번만 해도, 주차하다가 살짝 다른 차와 접촉해도 알아서 자수해야 하는 세상이다. 군이 철책에 남자들을 주르르 세워둘 이유가 있을까? CCTV를 철책에 쫙 깔아놓으면 될 텐데.

　사람이 무슨 기계도 아닌데, 아니 기계라고 해도 2년을 그냥 세워두면 고장이 나는데, 한창 젊은 나이에 2년을 멍하니 산과 바다만 바라보다가 사회에 복귀해서 취업 준비를 하라는 게 말이 되는가. 그 2년이라는 시간 동안 여자들은 차근차근 실력을 쌓고, 남자들은 하루에도 수십 번씩 바다에 머리를 박으며 아까운 시간을 보냈다. 그런 시간을 보낸 후 치르는 남녀의 '좋은 일자리' 경쟁은 이미 출발선부터 불공정한 것이었다. 만약 이 사회가 빡빡하지 않고 너그러운 세상이라면 무미건조한 2년의 시간도 [이대남]은 기꺼이 수용하겠다. 하지만 세상은 냉정하지 않은가. 게다가 징집이 무슨 권리인가? 노예처럼 대우해도 상관없는 면죄부라도 받은 것인가?

　　　　　　　수십만 명의 군인병력, 꼭 필요합니까?
　　　　　　　　그리고 마음대로 끌어모았으면
　　　　　최소한의 사람대접은 해야 하는 거 아닌가요?

고등학생 한 끼 급식비에도 못 미치는 한 끼 식사 비용…
우리 아버지도 드셨다는 '똥국'이 여전히 나오는 현실…
대한민국 한 해 국방 예산이 50조가 넘는다던데
그 돈은 다 어디에 쓰이는 건가요?
사람 밥부터 제대로 먹여야 하는 거 아닌가요?
김밥천국에서 라면에 김밥 세트를 먹어도
5,000원이 넘는데 개밥만도 못한 걸 밥이라고,
얼른 처먹으라니.

BTS 멤버들, 이제 군대 갈 나이가 됐죠?
얼른 와서 군대 밥 먹고 사진 찍어서
SNS에 올렸으면 좋겠습니다.
전 세계 '아미'들이 들고 일어나서 외치게요.
"이게 'K-급식'인가요! 우리 오빠들, 죽일 거예요?"

염치가 있으면 함부로 징집하지 마세요.

[이대남]은 주장한다. "징집이 권리입니까? '의무'라는 이

름으로 우리를 함부로 대하는 건 범죄 아닌가요?" 이에 대해 "군대는 원래 그런 곳이다. 핸드폰까지 쓰지 않나. 옛날보다 좋아졌다. 유약한 소리 그만하라"라고 답한다면 그거야말로 무지함의 증명 아닌가. 하지만 여전히 군 문화는 이미 나이 먹을 만치 먹은, 전쟁을 겪고 80~90년대 내무반에 향수가 있는 늙은 남자들에 의해 좌우되니 그게 문제다. '대가리 수'가 바로 군사력이라고 철저히 믿고 있는 꼰대들의 머리에서 나오는 갑갑한 생각들.

지난해 인구 분석 데이터를 보면 출생 27만 2,000명, 사망 30만 5,000명으로 1962년 주민등록제 도입 이후 처음으로 인구가 줄었다고 한다. 출산율도 지난해 0.84명으로 사상 최저치를 경신했다. 경제협력개발기구(OECD) 37개 회원국 중 출산율이 1명 미만인 나라는 한국이 유일하다. 2년 연속 세계 198개국 중 최하위다. 14세 이하 인구 비율도 꼴찌다. 인구 절벽은 국가 안보에 심각한 문제가 된다. 5년 후인 2026년이 되면 병력 자원 부족으로 지금의 상비군 55만 8,000명은 고사하고 내년 목표 병력 50만 명조차 유지하기 어렵다. 상비군 50만 명은 130만 명에 달하는 북한군의 군사 위협에 대비한 마지노선이다. 하지만 2036년에는 최대한 징집을 한다 해도 병력 40만 명 유지조차 힘들다는 분석이다. (중앙일보, "국방개혁 2.0 폐기하고 AI 기반 무인로봇 체계로 전환해야", 2021.04.28)

아직도 전쟁은 머릿수로 이긴다는 생각이 가득한, 여전히 '북한군'의 위협에 대비한 군대 병력을 유지해야 안심한다는 이런 이야기를 들을 때 [이대남]은 한숨이 난다. 정 머릿수가 중요하다면 왜 징집 대상에 여자는 포함이 안 되고 남자만 되는지 정부가 나서서 먼저 입증하기를 바란다. 군 가산점제 이슈로 남녀갈등 부추기지 말고.

그래도 요즘 [이대남]은 착하다. 자신들의 고통을 자기들 선에서 끝내고 싶다는 마음만큼은 있으니까 말이다. 한 [이대남]의 말이다. "[일남자]들아, 미안하다. 우리가 바꾸지 못해서." 참고로 [일남자]는 이제 곧 군대에 끌려갈 십 대 남성을 말한다.

chapter 2

등급 외 인간

숨어 있는 게 아니라
숨겨져 있는 것

누구나 들으면 아는 명문대를 나왔든지, 신입 연봉으로 최소 4,000만 원 정도는 주는 회사에 입사했든지, 그것도 아니면 부모님이 작은 빌딩이라도 갖고 있어서 당장 돈 걱정은 안 하고 살든지… 이 중에 하나라도 해당하는 [이대남]이라면 그래도 밝은 미래를 꿈꿔볼 수는 있을 것 같다. 하지만 어떤 경우에도 해당되지 않는 [이대남]은 미래에 과연 어떤 모습을 하고 있을까? 절망적이게도 [이대남]에게 미래에 대한 고민이란 그 자체로 사치다. 그저 오늘 하루가, 지금 여기가 무의미함 그 자체이기 때문이다.

세상은 여자의 자리에만 관심이 있는 것 같아요.

우리들의 자리에는 별 관심도 없고요.

의욕이요? 생길 일도 없습니다.

은퇴를 앞두고 괜한 자격지심에

집구석에만 처박혀 있는 아저씨처럼,

엄마의 눈을 피해 공부와 담을 쌓고

PC방에서 살다시피 하는 남학생처럼,

그냥 아낄 이유도 없는 시간만 보내는 것 같습니다.

세상은 점점 스마트하고 '힙'하게 변해가는데 이를 따라가기는커녕 오히려 뒤처지는 자신을 보면 계속 숨고 싶어지기만 한다는 것이다. "우리 이십 대 남자들, 하고 싶은 거 다해!"라는 말을 듣기 전까지는.

어제는 밤늦게까지 원룸에 앉아서 멍하니 게임을 하다가

혼잣말하는 저를 발견했습니다.

"내가 있을 곳이 어디지?"

사람들은 그러더군요. "어디 숨어 있는 거야?"

이렇게 대답하겠습니다.

"숨어 있는 게 아니라 그냥 숨겨진 겁니다"라고.

이십 대 여자들은 저만큼 앞서가는데, 그녀들이 훑고 지나간 뒤 겨우 '줍줍'한 그저 그런 일자리를 두고 [이대남]끼리 뺏고 뺏기는 모습이란, 흡사 암사자가 먹고 난 얼룩말 사체를 두고 혈전을 벌이는 아프리카 수컷 들개들 같다는 게 [이대남]의 절망 가득한 푸념이었다. 그렇게 오늘도 [이대남]은 무쓸모한 존재로 하루를 살아가는 중이다.

'낄끼빠빠'를 원한 것뿐

국민 열 명 중 한 명이 코인 투자를 한다고 한다. 수치상 600만 명에 가까운 사람들이다. 참고로 이들의 투자 규모는 국내 및 해외 주식 매매를 합친 규모보다 더 많다고 한다. 그 중에서도 [이대남]의 비율은 압도적이다. 대학생 네 명 중 한 명은 코인 투자를 하는데 이 중 대부분이 남자라고 한다.

이를 두고 성실하게 일해서 가족을 먹여 살리고 조금씩 자산을 쌓아온 어르신들은 "눈에 보이지도 않고 핸드폰으로만 사고 파는 코인이라는 것이 투기지 어떻게 투자냐"며 혀 차는 소리를 하곤 한다.

[이대남]은 그런 어르신의 말이 거북스럽다.

도박이라면서, 투기라면서, 왜 세금을 받으려고 해요?
세금을 받겠다면 뭔가 정부가 하는 일이 있어야
하는 거 아닌가요?
코인 거래소에 대해서는 방임형으로 일관하면서,
도대체 뭘 했다고! 돈 냄새는 맡아서리.

불법이라고 치자. 그렇다면 철저하게 단속을 하든지, 아
니면 그냥 투자, 아니 투기의 대상으로 치부하든지 하면 될
것을 자기들의 입맛에만 맞춰 만들어진 정부의 코인 대책은
[이대남]의 심기를 불편하게 한다. '청년 좌절'의 동의어가
'코인 열풍'이라는 것을 알아채지 못하는 정책 입안자들의
근시안에 혀를 내두를 뿐이다.

2021년 4월 은성수 금융위원장은 "가상자산(암호화폐)에 투자하는
이들까지 보호해야 할 대상이냐에 대해 생각이 다르다"라며 "이는
금융자산으로 인정할 수 없고 정부가 나서서 투자자를 보호할 계획

도 없다"라고 했다. 그러면서도 은 위원장은 "이에 대한 세금은 부과할 계획"이라고 밝혔다. (이코노미스트, "가상화폐, 세금은 받지만 금융자산 아니고 보호할 생각 없다", 2021.06.23)

　자기들은 모두 부동산으로 돈 벌어놓고는 알바로 번 돈을 아껴서 코인에 투자하는 것을 불법이라고 깎아내린다. 거기에다 비트코인 투자자는 불법이므로 보호할 계획이 없다고 하면서 세금은 또 왜 부과하겠다는 건지, '이미 가진 자'인 기성세대의 이중적인 모습에 혐오감을 느낀다는 것이다. [이대남]이 꿈꾸는 '소박한 사다리'조차 인정하지 못하겠다는 정부의 태도가 오늘도 그들의 분노를 사고 있다. [이대남]은 "국가로부터 도움을 받은 것이 하나도 없다"라고 단언했다.

　'낄끼빠빠'라는 말이 있다. '낄 때는 끼고 빠질 때는 빠진다'는 말이다. [이대남]은 국가, 정부, 정치인의 '낄끼빠빠'를 원한다. 비트코인 같은 경제 분야뿐 아니라 세상 모든 사안에서 자기들의 기준이 옳다고 무턱대고 끼어드는 정치인의 모습은 불쾌하다고 했다. 언젠가 한 국회의원이 '역사 왜곡 방지법' 제정안을 발의했다. 해당 법안은 일본 제국주의를 찬양하는 경우 최대 10년 이하 징역이나 2억 원 이하 벌금형에 처하는 것을 내용으로 한다. [이대남], 실소를 금하지 못했다.

역사 왜곡은 잘못된 것이 맞지만
그 문제는 학자들이 알아서 하면 되는 것이지
어떻게 역사의 해석을 법으로 정하려고 하나요?
왜요? 앞으로 세상 모든 것을 법으로 규제하려고요?

[이대남]은 야구의 비디오 판독이나 축구의 VAR처럼 세상의 모든 공정함을 가려주는 무언가가 있으면 좋겠다고 했다. 정부건, [이대남]이건, 이십 대 여자건, 아니면 나이 많은 아줌마, 아저씨건 모두 두 손 모으고 겸손하게 심판을 기다리는 태도를 눈으로 보고 싶다고 했다. 그게 공정이라면서.

누추한 관심 종자들

이제 갓 신입사원 딱지를 뗀, 작은 기업에 근무하는 [이대남]의 얘기다.

회사에서 팀장님이 개설한 단톡방이 있는데
정말 스트레스의 근원이에요.
주말에 팀장님이 동호회원이랑 테니스 치는 사진은
왜 올리는 걸까요.
댓글… 안 쓰자니 찍힐 거 같고,
쓰자니 이걸 내가 왜 쓰고 있나 짜증스럽고…

주말을 온전히 자신만의 시간으로 보낼 수 있다면 정말 행복할 것이다. 이런 행복을 원한다면 자신도 타인의 시간을 방해해서는 안 된다. 그런데 '외로운 관심 종자'도 아니고 멀쩡한 사람이 왜들 이럴까. 남에게는 대단할 것도 없는 자신의 사생활을 여럿이 보는 단톡방에 실시간으로 중계하고 품평을 기다리며 시간을 보내는 것만큼 자기 삶을 누추하게 만드는 게 또 있을까.

한 사십 대 중반의 남자 팀장은 이렇게 말했다. "진솔한 대화를 나누려 해도 사생활 침해로 비칠까 두려워 후배와 심층적으로 소통하기 힘들다." 이 말, 어떠한가? 수긍이 가는가? [이대남]을 대신해서 되묻고 싶다. "사생활을 언급해야 심층적 소통이 됩니까? 그게 나이 마흔이 넘는 베테랑 팀장님이 지금껏 배우고 체득한 커뮤니케이션 역량입니까?"

더 화나는 건 이런 '자발적 관종 욕구'를 지닌 사오십 대 남자들이 유독 만만하게 대하는 대상이 [이대남]라는 것이다. "팀장이 카톡을 남겼으면 한마디씩은 보태야 하는 것 아니야?"라는 말은 여자 직원이 아닌 [이대남]을 향해 날아온다. [이대남]은 그런 팀장의 불편한 심기를 잘 헤아리고 납작 엎드려야 그나마 '사회생활 잘하는' 사람 취급이라도 받는단다.

[이대남] 중엔 '혼자 사는 사람'이 많다고 한다. 이때 세상은 '혼자'에 관심을 두지만 [이대남]은 '사는'이라는 단어에 방점을 찍는다. 그렇다. 그렇게 사는 게 힘들다. 힘들게 살아가면서 어떻게 해서든 '사람'처럼 살고 싶은 [이대남]의 마음, 세상은 알까 모를까.

여자의 세상에서
남자로 살아내는 법

[이대남]에게 '이것'에 대해 잘 아느냐고 물어본다면 아마 고개를 갸웃할 것이다. 하지만 어렴풋하게는 안다고 할 수 있다. 과거 여자들이 사회에서 암묵적으로 강요받아 온 불평등하고 불유쾌한 역할 말이다. 여자들이 평생에 걸쳐 받아온 성차별의 잔인함에 대해서는 인정한다. 그런데 그게 도대체 [이대남]과 무슨 관계가 있단 말인가. 그동안 남자들이 해먹었으니 이제는 여자들이 그래야겠다는 말인가.

과거? 맞다. 남자의 시대였다. 여자는 언제나 약자였으며 남자가 지배하는 사회를 살았다. 딸은 일찍이 학교가 아닌 취업 전선으로 내몰리고 아들만 학교에 보냈던 시대가 있었다. 인정한다.

그런데 지금은 변했다. 여자들이 더 똑똑해서 좋은 대학에 진학하고 학점관리도 누구보다 똑 부러지게 한다. 취업할 때? 스펙도 뛰어나고 면접 태도도 우수하다. 한마디로 요즘 이십 대 여자들은 잘났다. 그런데 뭐? 잘났으면 잘났지 왜 [이대남]을 우습게 여기는가. 지금은 [이대남]이 약자의 위치고 여자들이 다수이자 강자다.

바야흐로 여자의 시대다. 여자가 돈을 쓰고, 여자가 선택하며, 여자가 힘을 쓴다. 그래서일까. 세상에 나오는 수많은 콘텐츠는 오직 여자의 구미를 당기기 위해 총력전을 펼치는 모양새다. 특히 자신의 취향이라 생각하는 것에 지갑 열기를 마다하지 않는 이삼십 대 여자들을 향해. 온갖 달콤한 것을 듬뿍 올린 와플처럼 소비와 권력의 주체인 젊은 여성들을 유혹하고 있다. [이대남]? 관심의 대상조차 아니다. 어차피 소비의 주체가 아니기 때문이다.

여자의 세상에서 살아가는 건 고단한 일입니다.
남자들만이 혜택을 받는 것처럼 윽박지르고 있지만
정작 사회적 지위는 우리보다 더 나은
이십 대 여자를 보면 그렇습니다.

세상이 여전히 남자 위주로 돌아간다고 외치는 사람들,
여자의 사회적 지위는 언제나 불합리하다는 사람들,
그들의 의도가 궁금합니다.

'소추(남성의 작은 성기를 비꼬는 은어)' 혹은 '잠재적 강간범'으로 취급받는 것도 화가 나는데 대체 왜 사회적 지위가 우월하다는 혐의(?)까지 덮어씌우냐는 [이대남]의 항변이 틀린 말일까. 정말 혜택받은 게 많은 윗세대들, 사회 주요 위치에 포진한 중년 남자들이 [이대남] 편 아니냐고? 남자라는 큰 카테고리에 함께 엮였을 뿐 그들은 오히려 [이대남]을 철저하게 '을' 취급하며 부려먹고, 젊은 여자들에겐 젠틀한 선배로 보이고자 점잔을 빼는 위선자에 불과하다.

 몇 년 전 멀쩡한 여성이 결혼한 후 시댁에 칭찬받는 며느

리가 되고자 자신도 모르게 '며느라기(期)'에 빠진다는 내용의 소설이 인기를 끌기도 했다. 소설 속 주인공은 결혼 후 자의 반 타의 반 '가사도우미' 신세가 되었다며 징징댄다. [이대남]은 궁금하다. 그런 신세로 만든 게 '남자'인 남편인가? 사실은 시어머니라는 '여자' 아니었던가? 화살을 쏘려면 과녁부터 확인해주기를.

'여남차별'의 폭력성

그는 스스로 성공한 남자라고 자평했다. 지방대에 입학했
으나 편입으로 명문대에 합격해 '학력세탁'을 해냈다. '학력
세탁'의 보상은 충분했다. 첫 직장으로 대기업에 입사할 수
있었으니. 원하던 마케팅 부서에 배치받지는 못했지만 상관
없었다. 누구나 이름만 들어도 아는 회사에 다닌다는 바로
그 사실이 중요했기 때문이다. 행복했다. 잠시 동안은…

하지만 곧 혼란이 왔단다. 자랑스러운 내 직장에서, 정정
당당히 실력을 겨뤄 입사한 동기임에도 남자와 여자를 대하

는 선배들의 태도가 너무도 달랐기 때문이었다. 툭하면 퇴근 후 직원들과 술 한잔하기를 좋아하는 남자 팀장은 여자 동기에게는 "○○ 씨, 혹시 오늘 저녁에 약속 있나? 팀 회식할까 하는데…"라며 쭈뼛거리면서, 남자인 자신에게는 "어이, 오늘 회식 있으니 선약 있으면 취소해"라고 일방적으로 지시했다.

'이건 뭐지?'라는 의구심을 품을 여유도 없었다. 가자면 가고, 마시라면 마시고, 먹으라면 먹어야 했으니까. 그렇다고 회식에 참여하면 그걸로 끝이었을까. 회식 자리에선 그 차별의 강도가 더했다. 여자 동기에게는 "마실 수 없으면 마시지 마. 사이다라도 주문해줄까?"라고 자상한 면모를 보여놓고선, 술 잘 못 마시는 자신에게는 "팀장이 준 술을 꺾어 마셔? 건방지게…"라며 폭언을 서슴지 않는단다.

우리가 만만한가요?
여자는 대하기 어렵고?
옛날 옛적 구닥다리 형님들로부터 배운

값싸고 수준 낮은 관성의 법칙을
우리에게 적용하려 하지 마세요.

술자리가 끝나고서도 택시를 불러주며 집으로 보내는 여자
동기와는 달리 "가긴 어딜 가? 빠져가지고…"라며 2차, 3차를
강요하는 문화에 질려버렸다고 했다. 알코올 냄새만 맡아도
온몸에 두드러기가 올라오는 그였기에 끝나지 않는 억지 술
자리는 극도의 고통이었기 때문이다. 지금은? '더럽고 치사
해서' 그 어렵게 들어간 대기업을 그만두고 공기업을 준비
한단다. 불법이긴 하지만 직장에서 떠돌아다니는 정보를 잘
이용하기만 하면 부동산으로 떼돈을 벌 수 있다고 소문난,
대한민국의 한 공기업 말이다.

'차라리' 집에서
아이 기르고 싶은 일인
나야 나!

여자가 일터를 떠나 비자발적 경단녀가 되는 과정을 누군가는 이렇게 설명했다.

"대기업에 다녔습니다. 여자 팀장님이 계시더군요. 시간이 지나니 얼마나 비굴하고 치사한 방법으로 그 자리에 올라갔는지 알게 되었습니다. 그런 방법으로 그런 자리에 오르고 싶지 않았어요. 누가 누군지도 잘 모르는 상태에서 집단 난투극을 벌이는 싸움터 같은 회사에서 벗어나고 싶었습니다. 마침 결혼도 했고 아이도 생겨서 차라리 집에서 아이를 기르는 게 낫겠다고 생각했습니다."

여기까진 뭐 그렇다고 해두자.

"이게 다 남성 위주의 기업문화에서 비롯된 겁니다. 여자를 남편과 아이의 돌봄 노동자로 전락시키려는 일종의 사회적 시스템이 작동하고 있는 거죠. 직장에 들어갔지만 믿을만한 여성 멘토도 없고, 여자 구성원을 향한 시선도 왠지 불쾌하고, 성차별적인 언어도 언뜻언뜻 듣게 되고, 퇴근 후 남자들이 주도하는 회식 자리에 가는 것도 곤욕이고… 우리 여성 노동자들은 남편을 위해, 아이를 위해 무임으로 집안일을 해주는 사람으로 전락하게 되는 겁니다. 돈 한 푼 안 받고 남편과 아이 수발을 들어야 하는 처지, 참을 수 없습니다."

이 말을 전해 들은 [이대남]의 궁금증이다.

저도 하루하루가 비굴하고 치사한데요?
그래도 그걸 이겨내고 팀장도 하고 임원도 해보고 싶은데요?

아내가 돈을 책임진다면 저도

'차라리' 집에서 살림하고 싶은데요?

직장에서 멘토요? 본받고 싶은 사람 따위 저도 없는데요?

그냥 '오냐오냐' 해주는 사람 아닌가요?

"넌 남자 새끼가 그거 하나도 못 해?"라는 성차별적 언어,

저는 하루에도 몇 번씩 듣는데요?

퇴근 후 회식 저도 싫은데요?

혼자 집에 가다가

편의점에서 삼각김밥 먹는 게

백만 배 좋은데요?

저도 기회만 된다면 아이 그리고 아내를 위해

집안일을 해주는 사람으로 '발전'하고 싶은데요?

모범답안을 기다린다.

얌전한 고양이처럼

대한민국 기업들은 신입사원을 선발하는 과정뿐 아니라 이들을 자신의 조직 구성원으로 성장시키는 과정에서도 [이대남]을 철저하게 차별한다. [이대남]은 '기업 내' 약자다. 직장은 지켜야 할 선이 있는 곳이다. 명시적이든, 암묵적이든 기본적으로 넘어서는 안 되는 선이 있다. 하지만 [이대남]은 곧 알아챘다. 지켜야 할 선이라는 게 여자들에게만 적용되고 남자에게는 적용하지 않아도 된다는 묘한 분위기가 형성돼 있음을.

지난주, 인사부서에서 설문 조사 메일이 왔습니다.

제목은 '조직문화 개선을 위한 설문'이었을 겁니다.

항목, 세세히 기억나지 않지만 작성하다가

그냥 그만뒀습니다.

모든 항목이 '여자의 불편함'에만 초점이 맞춰 있었거든요.

어떤 설문이었을까?

'성희롱을 당한 적이 있습니까?'

'성희롱을 목격한 적이 있습니까?'

'원하지 않는 신체적 접촉을 당한 적이 있습니까?'

'스스로가 느끼기에 성희롱으로 생각되는 말들을

들은 적이 있습니까?'

문항 속에 [이대남]의 불편함을 묻는 건

단 하나도 없었습니다.

왜 조직문화의 개선 방향을

여자의 불편함을 해소하는 것에서만 찾는 거죠?

'이거 여자들이 불편하다니 바꿔드릴게요.'

정도만 돼도 참겠어요.

'이렇게 할 건데 불편한 거 있으면 모두 쏟아내 봐요'

라는 뉘앙스는 정말…

긴 설문 리스트 어디에도 [이대남]에 대한 관심은 없었다. 불편함이 있어도 그것을 말해서는 안 된다는 일종의 암묵적 계약에 묶여 있는 존재 같았다. [이대남]은 그래서 결론을 내렸단다.

얌전한 고양이처럼 사는 게 목표입니다.

개처럼 세상을 향해 비명을 짖어봐야 돌아오는 건

'남자가 왜 저래?'라는 편견 가득한 시선뿐일 테니까요.

미안하다. [이대남]에게.

결혼은 사치, 비혼이 정상

[이대남]은 결혼이야말로 '삶의 낙오자가 되겠다는 선언'
이라고 생각한다. 하지만 친구들과 만났을 때 결혼 따위를
왜 하냐고 떠들었다가는 평온한 사회질서를 파괴하는 문제
아로 취급받기 딱 좋다.

저는 막내아들입니다.

큰누나와 열두 살 차이가 나죠.

어머니는 일찍 돌아가셨고, 아버지만 계십니다.

아버지는 늘 말씀하시죠.

제가 결혼해서 손자, 손녀를 낳는 것을 보고 죽겠다고.

저는 생각합니다.

아버지가 돌아가실 때까지만 버티면 결혼은 안 해도 된다고.

[이대남]의 머릿속에는 비혼이 정상이라는 생각이 구체화 되어 있었다.

1인 가구로 사는 게 정상 아닐까요?

나를 위한 투자, 나를 위한 지출

그리고 나만을 위한 시간 활용,

거기에 여자 친구나 아내로부터 간섭받지 않는

독립된 생활까지.

왜 결혼을 해야 하는 거죠?

게다가 집 문제, 이건 정말 '헬(hell)'이죠.

나라에서 기혼 남자에게 일괄적으로 집을 준다면

모르겠지만 말이죠.

아니면 결혼할 때 여자가 집을 해오는 게 상식이 되면 모를까.

음… 좀 그러면 안 될까요?

외롭지 않냐고? 사회에서 이리 치이고 저리 치이는 신세이기에 솔직히 '따뜻한 간섭'이 그리울 때도 있단다. 하지만 그래도 괜찮단다. 인터넷이 없었던 시대에는 남녀 간의 연애가 내 시간을 달콤하게 보내는 주요 방식이었겠지만 이제는 '유튜브님'도 있고, '넷플릭스님'도 있으니까 그럴 이유가 없지 않은가. 더군다나 데이트할 때 비용 지불은 전부 남자의 차지가 되는 '비정상'의 세상에선.

그렇게 결혼은 [이대남]에게 사치가 되어버렸다.

'경단남'을 꿈꾸다

[이대남]에게는 이십 대 여자가 결혼 상대도, 연애 상대도 아니다. 그저 경쟁자일 뿐이다. 좋은 직장에 들어가기 위해, 직장에 들어가서는 더 빠른 승진을 위해 싸우는 경쟁자. 이성에 끌리는 남자의 본능은 어떻게 할 거냐고? 걱정 안 해도 된다. 알아서 자체적으로 해결할 테니까. 연애하지 않고 결혼하지 않아도 '더' 잘 먹고, '더' 잘 살 수 있다는 게 [이대남]의 믿음이다.

결혼과 아내에 대한 로망이 없는 건 아닙니다.

따뜻한 집, 여우 같은 아내.

하지만 현실이 어디 그런 걸 용납하나요?

집 장만은 꿈도 안 꿔요.

아마 여우 같은 아내를 원했다간

이혼당하기 딱 좋을 겁니다.

무서워요. 결혼은 일단 안드로메다로 보냈습니다.

나이 먹은 사람들이야 '비혼'이라 하면 고독한 삶이나 미래가 없는 삶을 떠올리겠지만 [이대남]에게 '비혼'은 더는 여자의 그늘 아래 살아가지 않겠다는 일종의 투쟁과 같은 것이다. 누군가는 고독사를 말한다. [이대남]의 대답은 "괜찮다. 그러니 신경 쓰지 마라"였다. 오늘 하루도 버티기 힘든데 수십 년 후에 죽을 일까지 왜 벌써 걱정해야 할까. 지금 당장도 하루하루가 고통인데. 그러니 괜한 노후 걱정 따위 [이대남]에겐 통하지 않는다.

이제 남자들도 속된 말로 약아졌다. 잘 나가는(?) 이삼십 대 여자가 말하는 불평, 즉 "멀쩡한 남자가 결혼 시장에서 보이지 않는다"라는 투정이 생기게 된 이유다. 멀쩡한 남자가 왜 결혼하지 않느냐, 뭐가 부족해서 그러느냐 묻는다면 [이대남]의 대답은 이러하다.

'멀쩡한' 남자가 미쳤다고 결혼을 해요?
제정신이라면 말이죠.
부족해서 결혼 못 하는 게 아니고요,
부족한 게 없으니 결혼하지 않는 겁니다.

이제 곧 여자가 돈 내고 남자를 사야
결혼할 수 있는 날이 올 겁니다.
두고 보세요.

요즘 들어 늘어난 여자들의 '비혼 선언'의 근거는 '가부장제'와 '성폭력 문화' 등에 대한 거부라고들 한다. 이 말을 들은 [이대남]은 속으로 코웃음을 친다. '웃기는 소리 하네. 지네들이 살아야 할 집을 사줄 남자를 찾다 보니 결혼 못 하는 거지'라고 말이다. 여기에 더해 '경단녀' 어쩌고 하면서 괜히 분란 일으키는 여자들에게 [이대남]이 하고 싶은 말이 있단다.

집을 사서 오겠다는 여자요? 땡큐죠!

얼마든지 '경단남' 될 준비가 되어 있습니다.

저 내조 잘할 자신 있어요.

등급 외 인간

꿈을 꾼다는 건 일종의 사치다. 세상은 [이대남]이 '투뿔 인간'이기를 기대하지만 현실은 '등급 외 인간'으로 살아가기에도 하루하루가 버겁기 때문이다.

뭘 그리 엄살이냐고 말하겠지만 절대 엄살이 아니란다. 이제 막 출발선에 섰는데 이미 저 앞으로 달려나가고 있는 이십 대 여자를 보면서 느끼는 좌절감은 상상 이상으로 크다고 했다. 현대 사회에서는 어디에서 첫발을 내디뎠는지가 성공의 기준이 된다. 지금 [이대남]이 느끼는 출발의 불공평함은 기울어진 운동장 위에서 절대 따라잡을 수 없는 장거리 달리기를 하는 기분이라고 했다.

한때는 학교 친구들이었던 이십 대 여자들이다. 열심히 공부해서 대학에 들어갔을 때만 해도 비슷하다고 자부했다. 하지만 인생을 설계하는 이십 대 초반에 남자만 갈 수 있는 '공인된 폭력집단'에 들어가 2년을 속절없이 버텨야 할 때부터 문제가 꼬이기 시작했다. [이대남]은 어른들(?)은 아는지 모르겠다고 했다. 지금은 대학에 들어가자마자 취업 준비를 하는 시대라는 것을. 하지만 열심히 공부했던 '머리'가 그나마 남아있는, 총명함이 가장 빛나는 시기인 이십 대 초반을 군대라는 무자비한 곳에 갇혀 결국 백지상태의 뇌로 리부팅된 남자들이 과연 여자들과 정당한 경쟁을 할 수 있다고 생각하는가?

"남자는 군대를 다녀와야 사람이 돼."
이거야말로 성희롱, 성폭력의 언어 아닌가요.
그 중요한 시기에 2년을 허송세월하게 했으면
그에 대한 합당한 대가가 당연히 있어야 하는 거 아닙니까?

왜 국가는 거저먹으려 드는 거죠?

국방의 의무라고요?

언제 우리가 그것에 동의한 적 있습니까?

가산점은 당연하지 않습니까. 거기에 더해

'최소 남자 쿼터제' 도입도 고민해줘야 하는 거 아닌가요?

사범대, 교대 그리고 필요하면 일반 대기업도 모두 말입니다.

　좋은 일자리에 대한 로망은 [이대남]에게도 있다. 하지만
사회구조는 무시한 채 "너는 남자니까 참아라"라고 말하는
세상은 절망 그 자체다. 시간은 여자에게 일방적으로 유리하
게 세팅되어 있다. 그렇다고 여자도 남자처럼 군대에 가라고
하면 "불알 달고 태어난 놈이 얼마나 한심하면 여자에게 군
대 가라고 하는 거야?"라는 비난만 받을 게 뻔하니 그냥 입
을 꾹 다물고 만다. 도대체 어떻게 하란 말인가.

chapter 3

늘 당하고만 사는 중입니다

오라 가라 하지 마라

당연하지 않은 것을 당연한 것처럼 말하는 과거 세대의
말과 행동에 [이대남]은 진저리를 친다.

회사에서 무슨 교육이라도 하면

꼭 우리를 앞에 앉히더라고요.

교육담당자는 말하죠. "뒷자리에 앉지 마세요.

이사님이 오시면 모두 앞으로 오게 할 거니까요!"

오라 가라 하는 건 군대 제대와 함께 끝나는 줄 알았는데…

그냥 이사님이 우리에게 다가오면 되는 거 아닌가요?

아무렇지도 않게 내뱉는 이전 세대의 말과 행동에 대해
[이대남]은 언제나 날카로운 의문을 품게 된다.

무역회사였어요. 직원은 20여 명에 불과한 작은 회사였죠.

사장님은 좋은 분이었는데,

삼성에서 부장을 했다는 이사님이 문제였어요.

"삼성처럼 일하자!"가 늘 입에 붙어 있었거든요.

그럼 삼성처럼 돈을 주든지.

[이대남]은 똑똑하다. 어떤 일의 부당함을 어렵지 않게
알아차릴 줄 안다. 이전 세대가 '원래 그런 거'라고 대충 넘
겨왔던 것에 대해 [이대남]은 '이거 좀 이상한데?'라며 태클
을 걸고넘어진다.

'가족 같은 회사'를 만들겠다고 하더군요.

가족 대하듯 막 대하겠다는 뜻이겠죠?

아프니까 청춘이라고 떠들던 교수님도 있었죠?

아프면 환자지 무슨 개소리인지 모르겠습니다.

[이대남] 앞에서 말과 행동은 조심스러워야 마땅하다. '그때'는 옳을지 모르겠지만 '지금'은 다른, 아니 틀린 일들이 허다하니까. [이대남]은 이전 세대의 사람들보다 월등하게 합리적이고 압도적으로 이성적이다. 그 모습을 알아채고 인정할 줄 알아야 '어른다운 어른' 혹은 '진짜 어른'이다. 모르면 배워야 한다. [이대남]의 합리성과 유연성을.

판단력 부족으로
유부남이 되었습니다

'군 면제'라는 천운을 얻은 한 친구, 하지만 '자발적 결혼'
이 그에게 불운을 가져다줬다.

지금 생각해보면 두 살 연상인 여자 친구의 결혼 종용을
이겨냈어야 했어요.
부모님의 결혼 압박도 물리쳐야 했고요.
판단력이 부족해서 결혼까지 온 거죠.

'판단력 부족으로 결혼, 인내력 부족으로 이혼.'

기억력 부족으로 재혼'이라는 말이 있던데,

내 인내력은 언제까지일지 궁금합니다.

애를 낳으라고요? 글쎄요. 더 후회할 게 뻔해서.

그냥 고갈된 인내력을 평계로 예전의 나로

돌아가고 싶습니다.

　　나이 스물아홉에 결혼 2년 차인 그의 고민은 아이를 낳을 것이냐, 말 것이냐에 관한 것이었다. 아이를 낳는 순간 이미 '고갈 일보 직전'인 인내력을 평생 밀고 나가야 할 텐데 그건 생각만 해도 아찔한 일이기 때문이다. 그의 한탄에 나는 조언을 해주지 못했다. 그저 고개만 끄덕여줬을 뿐이다. 그의 '새로운 선택'이 이제부터라도 행운을 가져다주기를 바라면서.

남자가 힘써야지 누가 써?

'그'는 한 제약회사에 갓 입사한 신입사원이었다. 하지만 회사에서 남자는 여자보다 육체적 힘을 더 써야만 하는 존재라는 점이 불만이었다. 군대를 마치면 육체노동은 끝인 줄 알았는데 말이다. 하지만 육체노동은 지금까지도 오직 [이대남]의 몫으로 자리하고 있었다. 거기에 불유쾌한 감정노동은 덤처럼 붙어 다녔고.

예전에는 '육체노동은 남자, 감정노동은 여자'라는 공식이 성립되기도 했었지만 지금은 모든 노동의 주체가 남자의 몫이라는 게 [이대남]의 불만이다. 직장에서 마치 [이대남]이 감정의 쓰레기통이라도 된 양 무자비하게 자신의 감정을 쏟아내는 남자 선배의 모습을 보면 몸이 부들부들 떨리기까지 한다. 하지만 분명한 서열이 있는 직장 내에서 [이대남]이 선택할 수 있는 건 '더러우면 때려치우는 것' 외에는 없다. "그냥 감정은 집에 놔두고 다닌다 생각해"라는 조언을 듣기는 했다. 하지만 그것도 정도가 있다.

다시 '그', 즉 [이대남]의 이야기로 돌아가 보자. 그는 이십 대 중반의 여자 한 명과 같은 부서에 배치되었다. 영업부서이다 보니 일주일에 한 번 고객에게 전달될 안내 책자를 운반할 일이 생긴다. 해당 부서의 책임자는 사십 대 초반의 남자인 박 팀장이다. 주문한 책자와 물품들이 회사 정문 앞에 도착했다는 연락이 오면 박 팀장은 당연하다는 듯이 [이대남]에게 소리친다. "어이, OO 씨. 밑에 가서 짐들 좀 갖고 와."

바로 옆자리에 있는 이십 대 여자 직원에게 박 팀장이 지시하는 건 본 적이 없다. 기분이 나쁘다. '나에게만?' 하지만 더 기분 나쁜 게 있다. [이대남]이 땀 뻘뻘 흘리며 혼자 왔다 갔다 짐 나르는 모습을 뻔히 보고서도 '아는 체 한 번 안 하는' 여자 직원의 뻔뻔함이 더 싸증 난다나. '그런 무식한 일은 내가 할 일이 아니다'라고 온몸으로 말하는 것 같은 동기의 무정한 표정을 볼 때면 없던 살의(殺意)도 저절로 생겨날 판이다.

제가 무슨 중세시대 노예인가요?
왜 육체노동은 모두 제 몫이죠?
하루는 팀장님께 말해보기도 했어요.
술자리에서, 소주 세 잔 연속으로 원샷 하고선.
"판촉물 옮기는 거, 왜 OO 씨에겐 지시하지 않습니까?"
괜히 말했습니다. 이런 대답만 들었거든요.
"야, 봉변당할 일 있냐? 여자한테 그런 거 시켰다고
회사 나간다고 난리 치면, 네가 책임질래?"

그나마 여기까지만 들었어도 [이대남], 참을 수 있을 것 같았단다. 하지만 그 뒷말이 그를 더 슬프게 했다.

"그리고, 그게 뭐 어때서? 기분 나빠? 쪼잔하게…

그럼 남자가 힘써야지 누가 써?"

드러낼 줄 아는 여자,
숨길 수밖에 없는 남자

　직장 3년 차로 이제 갓 서른이 된 '그'는 중견기업의 기획 부서에서 일한다. 신입사원의 티는 이미 벗었지만 요즘 그에겐 말 못 할 고민이 생겼다. 밤잠을 못 이루는 불안증세도 심해졌다. 무슨 문제가 있는 것일까.

　이유 없이 불안해요. 특히 시선을 받는 게 힘듭니다.
회사에선 팀장님이 나를 볼까 봐 두렵고
집에서는 부모님이 방문을 갑자기 열까 봐 불안합니다.

나는 얘기했다. 감기 걸리면 내과를 찾아가는 것처럼 마음도 감기에 걸릴 수 있으니 정신건강의학과를 찾아보라고. 주변에 널린 게 정신건강의학과이니 상담하고 필요하면 약을 먹으면서 지금의 어려움을 이겨내 보라고. 그의 얼굴은 어두워졌다. 아니 냉정해졌다. "그렇게 생각하신다니 유감입니다. 제가 정신과를 갈 만큼 그렇게 '멘탈'이 약한 건 아닙니다."

그의 굳은 얼굴 뒤로 늘 강하게만 살아야 했던 그의 청소년기, 아니 유년기부터 시작된 고단함이 느껴졌다. 그의 나이 이제 겨우 서른인데. 세상을 오직 '강함'과 '약함' 그 둘 중 하나로만 바라보는 시선이 안타까웠다. 그를, 아니 [이대남]을 이렇게 만든 건 누구일까. 세상 탓으로 돌려도 무방할 것 같았다. 오직 강자만이 살아남는 세상에서 남자로 버텨야 하는 그 시간이 [이대남]을 함부로 아프지도 못하게 가로막고 있었다. 그렇게 극심한 경쟁의 시대, 양극화의 공간에서 [이대남]은 시름시름 앓는다. 어디에다 하소연하지도 못한 채 말이다. "남자 멘탈이 그리 약해서"라는 말을 듣는 게 너무 두려워서.

보건복지부 정신질환 실태 역학조사에 따르면 국민 전체 정신질환 평생 유병률은 2006년 26.7%, 2011년 27.4%, 2016년 26.6%로 비슷하지만, 여성은 2006년 19.6%, 2011년 22.8%, 2016년 23.1%로 꾸준히 증가했다고 한다. (중앙일보, "건강검진 하듯 마음도 정기점검하면 우울증 치료 도움", 2020.09.04)

이 수치만 보면 마치 정신질환에 시달리는 여자의 수만 늘어나고 있는 것처럼 보인다. 하지만 이런 분석이 맞는 걸까? [이대남]이 은연중에 드러낸 반어법을 우리는 읽어내야만 하지 않을까.

간단하게 생각해보자. 수치에 기록되기 위해서는 우선 정신건강의학과를 찾아가야 한다. 만약 남자도 쉽게 정신건강의학과에 갈 수 있다면 과연 지금처럼 여자의 정신질환 유병률만 증가추세를 보이게 될까? 남자에게는 정신적 아픔에 대해 들이대는 세상의 잣대부터가 다르다. 여자들이 우울증에 시달린다고 하면 "누구나 걸릴 수 있는 마음의 감기일 수 있다"라고 다독이면서, 남자가 우울증에 시달린다고 하면 원인은 자기 자신에게서 찾아보라고 한다. "남자 새끼가 무슨 우울증이야?"라는 비아냥과 함께.

여성은 아프다고 할 줄 안다. 아프면 병원을 찾아가는 것에도 능숙하다. 하지만 남자는 아프다는 말이 서툴다. 특히 마음의 병에 있어서는 더 그러하다. 이는 태어났을 때부터 남자는 아파서도 안 되고 절대 약한 소리를 해서도 안 된다고 강요받고 학습 받아왔기 때문이 아닐까. 안타깝게도 [이대남]은 오늘도 마음이 힘들다고 병원을 찾아가는 것이 조심스럽다. 누군가에게 들킬까 걱정되어 병원 근처도 쉽사리 가지 못한다. '마상' 정도는 온전히 자기 스스로 치료할 줄 알아야 한다며 오늘도 꾹꾹 아픔을 누르고 살아간다.

세상은 [이대남]에게 잔인하다. 정신적 아픔은 오직 여자의 것, 육체적 아픔은 오직 노인의 것으로 여기는 세상의 단순한 이치 속에서 [이대남]의 고통은 아무도 알아채지 못한다. 그렇게 통계자료의 허상 속에서 지금도 [이대남]은 '외딴 방'에서 홀로 죽어가고 있다. 정신적으로. 육체적으로.

늘 당하고만
사는 중입니다

서른다섯 살 여자의 말이다. 나이 마흔 넘어서 '비혼'을 선언하는 전문직 여자 선배가 많단다. 사회적 지위도 탄탄하고, 열정적으로 사는 그들조차도 피할 수 없는 주변의 결혼 압박을 비혼 선언으로 깔끔하게 해결한다고 한다. 하지만 쉽게 해결할 수 없는 문제가 있으니 아이를 갖고 싶다는 꿈을 '처리'하는 것이다. '결혼은 안 해도 아이는 갖고 싶다'는 게 요즘 미혼 혹은 비혼 여성의 버킷리스트 중 하나라고 한다. 이를 두고 맞다, 틀리다를 언급하는 건 주제넘은 일이다. 자기 선택이니까. "왜 결혼을 하지 않느냐?"라고 묻는 것, "결혼도 안 했으면서 왜 아이를 가지려 하느냐?"고 묻는 것은 모두 폭력의 언어다.

세상은 변하고 있다. 결혼도 선택, 아이도 선택, 심지어 결혼을 안 하고 아이를 갖는 것도 선택. 하지만 선택도 힘이 있어야 하는 거다. 세상의 잘나가는 여자들이 '비혼주의자' 임을 선언하면서 덩달아 어떤 [이대남]들은 강제로 '비혼 당한 사람'이 되어가고 있다. 그들과 대화를 나눠보면 결혼하기 싫다는 [이대남]은 별로 없었다. 결혼에 적극적이지 않더라도 적어도 '언젠가 결혼을 하긴 해야지'라는 생각은 갖고 있는 듯 보였다.

하지만 세상이 그들을 향해 "갖춘 게 없으면 감히 결혼은 꿈도 꾸지 말라!"고 옥박지르니 체념하고, 포기하고 그러다 결국 혐오하게 되었을 뿐이다. 일단 세상이 제시하는 기준이란 게 넘지 못할 허들에 가깝다. '인(in) 서울' 혹은 '니어(near) 서울'에 위치한 20평대의 깨끗한 아파트와 괜찮은 차한 대는 기본이고 여기에 안정적인 회사에 다니는 남자가 저들이 말하는 '괜찮은 신랑감'의 조건인데, 이는 [이대남]

뿐 아니라 삼십 대 남자를 포함해도 상위 1%나 해당할까 말까 한 '미션 임파서블한 조건'이다. 상황이 이러하니 결혼일랑 일단 접어둘밖에.

여자들은 결혼을 안 하는 건지 몰라도
저 같은 남자들은 하고 싶어도 못하는 겁니다.
저도 겉으로는 결혼 안 한다고 큰소리치지만
솔직히 '비혼주의자'는 아니거든요.
그냥, 비혼을 당한 거죠.

군대도, 취업도, 그리고 결혼도 모두 자신이 주체가 되지 못하고 늘 당하는 인생, 그게 [이대남]이 세상을 살아가는 모습이다.

듣기만 해도 지겨운
'82년생, 그 아줌마'

'남자를 향한' 정부 부처가 있습니다.

국방부, 한마디로 남자가 개고생하게 하는 곳이죠.

'여자를 위한' 정부 부처도 있습니다.

여성가족부, 여성이 개고생 못 하게 하는 곳이고요.

'구글'에서 '여성가족부'(www.mogef.go.kr)를 검색하면 부처의 정체성이 이렇게 한 문장으로 정리되어 있다.

"여성가족부가 평등사회를 만들어가겠습니다."

[이대남]은 묻고 싶다. 평등사회를 왜 여성가족부가 만드는가. 좋다. 평등사회를 만드는 것도. 그렇다면 그 평등사회를 만들 때 [이대남]은 어떤 존재로 인식되는가. 보호의 대상인가, 아니면 걸림돌과 같은 존재인가, 아니면 회피의 대상인가, 그것도 아니면 저주와 파괴의 대상인가.

[이대남]도 힘들다. 그 힘듦을 정부가 조금이라도 안다면 구체적이고 현실적인 조치를 해줘야 한다. 여성가족부가 여성을 위해, '그들만의 평등'을 위해 노력하는 곳이라면, '남성가족부' 아니면 여성가족부를 확대한 '여남가족부'를 만들어서라도 남녀 모두에게 공평한 평등을 느끼게 해야 한다. 왜? [이대남]도 우리 사회의 구성원이니까. 비록 소외되고 철저하게 차별받긴 하지만.

사회 양극화가 심화하면서 점점 확장되는 '기회의 불평등'을 온몸으로 느끼고 있는 세대가 바로 [이대남]이다. 또래의 여자들이 한창 도서관에서, 학원에서 취업을 위해 피치를 올리고 있을 때 넋 놓고 북녘땅이나 바라보고 있었던 [이대남] 아니던가. 그들을 위해 나라가 해준 게 뭐가 있는가. 아니 해줄 수 있는 게 뭐라고 생각하는가.

82년에 태어났다는 한 여자가 소설 속 주인공으로 등장해 세대를 거쳐 내려온 남녀차별에 징징댔던 것처럼 솔직히 90년대에 태어난 [이대남]도 징징대고 싶다. "남자는 2년이라는 시간을 군대에서 보내지 않냐"며 투정을 부리면 바로 "여자는 애를 낳지 않냐"며 날카로운 화살이 쏟아지겠지만 그래도 할 수 없다. 아니 [이대남]도 할 말은 있다. "알았다. 당신과 결혼하지 않을 테니 제발 신경 좀 꺼라."

하나 더, 제발 82년생 김OO 씨는 그만 좀 설쳤으면 한단다. 세상의 모든 편견과 차별을 온몸으로 뒤집어썼다고 발악하는 모습을 지금 [이대남]은 공감하고 이해할 마음이 없다. 실제로 부당한 차별을 몸소 당해온 어머니 세대가 이야기한다면 그래도 들어볼 마음이 있다. 하지만 자기들도 차별로 고통받고 있다며 허구한 날 같은 레파토리를 반복하고 있는 젊은 여자들의 피해자 코스프레는 꼴 보기 싫다고 했다. 진

탕 술 마시고 지하철에서 행패나 부리는 꼰대 아저씨들만큼
이나 기피하고 싶은 민폐 캐릭터처럼 보인단다.

최근 현 정부에 대한 이십 대 남자의 지지율이 최악의 수
준이라고들 말한다. 당연하다. 정작 자신들은 여자를 차별
의 도구 삼아 온갖 이득을 취해왔으면서 이제 와서 뒷짐 지
고 여자를 위하는 척 아양을 떠는, '82년생 그 여자'의 눈치
만 보는, 정부 그리고 여당의 모습에 [이대남]은 치가 떨리
기 때문이다.

'리얼돌'을 위한 변명

이삼십 대를 대상으로 한 각종 조사에서 '결혼을 안 하겠다'는 응답이 절반을 넘어선단다. 로맨스? 한가하게 그런 거 꿈꿀 때가 아니라는 말이겠다. 로맨스가 없으니 결혼도 없다. 결혼이 없으니 아이도 없고. 바로 이 지점에서 [이대남]은 또래의 여성들이 부럽다. 남자는 여자 없이는 아이를 갖지 못하지만, 여자는 정자은행에서 기증받은 정자로 아이를 낳으면 되니까.

최근 한 연예인이 대단한 '남자퇴치법'을 발견한 것처럼 정자은행에서 공여받은 정자로 아이를 출산했다고 떠들어대는 거, [이대남]은 어이가 없다고 했다. "우리가 결혼해달라고 매달렸나요? 제발 오버 좀 하지 말아주세요." 비혼, 비혼 가족, 비혼 출산 등을 뭔가 대단한 '트렌드'라고 띠드는 여자들 그리고 그에 동조하는 극히 일부의 – 뭔가 떡고물이 떨어질 거라 여기는 – 남자들이 [이대남]은 우습다.

윤리적으로도 그렇다. 최근 '리얼돌'이 이슈가 된 적이 있다. 학교 주변에 어떻게 리얼돌을 성적 도구로 사용하는 샵을 허가하느냐에 대한 비난이었다. [이대남]은 황당하다. 학교 주변에 그런 곳이 있다면 문제긴 하겠지만 리얼돌 자체를 문제 삼는 건 우습지 않은가. 아, 또 그 지겨운 '여성의 성 상품화'?

정자은행에서 정자를 공여받아 아이를 낳는 여자,
'리얼돌'을 구매해서 욕구를 해소하는 남자,
누가 더 비윤리적인가요?

[이대남]에게 가족이란 무엇일까. 정상적인 혼인 관계를 거쳐야 진정한 가족이다? 그딴 의미 부여는 할 마음이 없다. 그러니 정자은행에서 '하버드 대학' 나온 남자의 정자를 받아 애를 낳든지 어쩌든지 본인들 마음대로 알아서 살란다. 다만 세상의 짐은 [이대남]에게 죄다 떠넘겨놓고는 남자를 성생활에만 환장한 동물 취급하는 여자만 곁에 없기를 간절히 바란다고 했다.

전통적 가족관을 고수하던 그 맹렬함은 [이대남]에겐 없다. 결혼적령기에 매이는 건 구시대적 사고라고 여기며 결혼하지 않고 만들어가는 새로운 가족의 시대를 쿨하게 인정한다. '라떼는 말야~'를 시전하는 꼰대들의 고리타분한 결혼관을 듣는 건 이삼십 대 여자들이 몸서리치는 거 이상으로 듣기 싫단다.

그러니 제발 [이대남]을 건드리지 말자.

남자의 적은 남자

세상에 대항하는 [이대남]의 분노는, 정확하게는 여자를 향한 것이 아니다. 그건 바로 사회에서 '선배'로 만나는 삼사십 대 남자들에게 향해 있다. (참고로 오십 대 남자는 아예 기대조차 하지 않기에 화조차 나지 않는단다.)

팀장님은 서른여섯 살입니다.

회식하면 여자 대리님에게는 이렇게 말합니다.

"얼른 집에 가야지? 부모님이 기다리실 텐데…"

같은 자리에서, 저에게는 이렇게 말합니다.

"가긴 어딜 가? 누가 널 찾는다고. 벌주다. 원샷!"

여자 대리님의 부모만 부모고
제 부모님은 '투명 인간'입니까?

[이대남]은 남자가 싫다. 나이 든 남자 말이다. 여자 후
배는 집에 보내면서 남자 후배에겐 "직장생활 너무 쉽게 하
네?"라고 핀잔주는 그 남자들 말이다. 여자들은 말한다. 남
자들이 '여적여(女敵女, 여자의 적은 여자다)'라고 한다고. 과연 그
러할까. '남적남(男敵男)'은 없을 것 같은가. 천만에. [이대남]
에게 남자의 적은 남자라는 건 기본이다. 하나 더 추가한다.
'남적남 시즌 2'라고나 할까? '남적남(男賊男)'이 그것인데 '남
자에게 도둑놈은 남자'라는 것이다. [이대남]이 가진 작은
그 무엇조차 모두 훔쳐 가는 기성세대 남자들.

'여적여'라는 말은 남자들이 여자를 우습게 여기는 말이
라고 생각하겠지만, 정확히는 '우습게 여기고 싶은' 말일 뿐

이다. [이대남]은 여자의 적이 여자든 남자든 솔직히 별 관심이 없다. 다만 남자의 적이 남자인 것은 확실히 알고 있다. 남자들은 언제나 아군과 적군을 가리는 데 진심이다. 그 이유는 태곳적부터 지금까지 남자의 DNA에 각인된 생존 본능에서 비롯되었을 터다.

여자는 현명하다. 여자들은 평소에는 '여적여'라는 말에 충실하듯 서로 질투하고 괴롭히다가도 어떤 사안에 있어 여자 공동의 이권이 걸리는 순간 귀신같이 똘똘 뭉친다. 일례로 여자들의 이야기를 다룬 모 영화가 개봉했을 때 영화를 응원한다는 의미로 직접 관람하지 못함에도 티켓만 구매한다는 일명 '영혼 보내기'가 유행한 적이 있다. 이성적으로 생각하면 비합리적인 행동이지만, 그렇게 해서라도 영화계에서 소외된 '여성영화'의 파이를 늘리는 데 기여하겠다는 것이다.

남자들? 그런 거 없다. 왜? 세상의 모든 남자는 적이기 때문이다. 남자는 남자 전체의 파이를 늘리는 데는 관심이 없다. 남자 전체의 파이가 줄어들더라도 다른 남자보다 조금이라도 더 차지하면 된다고 생각한다. 남자들은 친구끼리도 서로 비판하며, 맞는 말에도 어떻게든 트집을 잡아야 논리적이라고 생각하는 족속이다. 평소에도 뭉치지 않지만 '남자 이권'이 걸린 문제에서조차도 뭉치지 않고 자기 얘기를 하는 데만 혈안이다. 이 과정에서 지역별, 지지하는 정당별 등으로 조각조각 갈라지는 '꼴'은 또 하나의 관전 포인트다.

남자의 세계는 승자독식 체계다. 승리한 사람이 모든 권력과 재물과 여자를 차지한다. 그렇기 때문에 남자들의 머릿속에는 '무조건 남자가 이겨야 하고, 무엇보다 내가 최후의 승자가 돼야 한다'는 생각이 가득하다. (태어나면서부터 남자는 이런 무언의 강요를 부모와 친척, 그리고 세상으로부터 받으며 자랐다.) 그러니 자기가 인정받을 때까지, 자기 의견이 채택될 때까지 협력 같은 건 안중에도 없는 것이다. 까딱하다가는 자기가 주역이 되지 못하고 들러리가 된다는 걸 스스로 알기 때문에.

남자들끼리는 잘 뭉치지 않느냐는 건 정말이지 여자들의 착각이다. 남성의 뭉침, 그건 부러움의 대상이 아니라 비웃음의 대상이기 때문이다. 오히려 여자들은 길에서 뭉쳐 다니는 남자들을 마주치면 '남자로 태어나서 참 고생한다'는 동정의 시선이나 보내면 된다. 그렇다. 일단 남자의 뭉침(?) 혹은 단합은 서로 대등하게 뭉치는 게 아니기 때문이다. 누구하나 우월한 존재가 권력을 잡으면 그 밑에 '복종'하는 것뿐이다. 복종을 통해 일사불란하게 결집하는 걸 '남자들은 잘 뭉친다'고 착각하는 것이다.

여자들이 "대한민국은 남자 세상이다!"라며 이를 갈면서 말하는 게 있다. 예로부터 모든 부와 권력은 남자들이 독차지했다는 것이다. 결론부터 말해본다. 틀렸다. '부와 권력을 차지한 극소수 남자를 제외하고 나머지 남자들은 전부 숙청됐다.' 이것이 진실이다. 그런데 여기에 더해 [이대남]의 처지는 더 슬프다. 이전 세대의 남자가 차지한 부와 권력은 물론 현재의 부와 권력까지 모두 여자에게 아낌없이 뺏기고 있으니까.

누군가의 구경거리로
전락한 일상

2020년 정부는 호텔을 매입해 리모델링한 후 청년들에게 저렴하게 임대하는 청년맞춤형 공유주택 '안암생활'을 대대적으로 홍보했다. 입주해 있는 한 청년의 사례를 보니 보증금 100만 원에 매월 30만 원의 임대료를 내는데 1인이 거주하기에는 공간이 넉넉하고 모바일 앱을 통해 편리하게 이용할 수 있는 공용공간이 존재하는 등 대체로 만족도가 높은 것으로 나타났다. 하긴 월세 30만 원으로 서울에서 갈 수 있는 곳이 과연 어디 있단 말인가. 그런데 그 청년에게도 불만이 있다. 공유주택에 주거하는 건 만족스러운데 자신을 바라보는 사회의 '시선'이 불편하다는 것이다.

개인적으로 만족하면서 살고 있습니다.
그런데 왜 밖에서 왈가왈부하는지 모르겠습니다.
정부의 정책 반대편에 서 있는 야당은
제가 사는 이곳을 '닭장집'에 비유하더군요.
"말만 호텔이지 돈 없는 사람들 그냥 모텔에서 지내라는 것"
이라는 말과 함께 '호텔 거지'라고 하던데,
참을 수 없는 모욕감을 느꼈습니다.

국어사전은 '거지'를 '남에게 빌어먹고 사는 사람'으로 정의하고 있다. 호텔 주택에 입주한 청년들, 더 나아가 호텔 주택을 보고 진심으로 구미가 당긴 청년들까지 졸지에 모두이 사회의 '무능력자' 또는 '무임승차자'로 규정하는 정치인과 언론인의 화법은 잔인하다. 이건 [이대남]의 돈 문제와도 연관된다. 아르바이트로 모은 얼마 안 되는 돈을 데이트할 때 커피값, 밥값으로 지불해야 하는 [이대남], 언젠가 결혼을 해야 할 때도 '집은 남자가 해야지'라는 무언의 강박에 사로잡혀 있는 [이대남]에게 '호텔 거지'라는 조롱은 불편함을 넘어 자괴감을 느끼게 한다.

그렇다고 이런 정책을 개발하고 현실화시켜 제공한 정부를 무조건 칭찬하는 것도 아니다. 모든 제품과 서비스는 사용하는 사람의 몫이다. 평가? 판단? 당연히 사용하는 사람이 해야 정상이다. 하지만 정책입안자들은 30평, 40평 혹은 그 이상의 넓은 아파트에 살면서 [이대남]이 사는 이 작은 주거공간을 '청년들의 라이프 스타일에 맞는 최적의 공간'이라고 '자화자찬'하는 건 듣기 거북하다. 주머니 사정상 만족하고 사는 거지 완전한 형태의 주거공간은 아니기 때문이다. 실제로 살아보면 주방과 세탁실은 개인실에 포함돼 있지 않아 공동으로 사용해야 하고, 개인 주거공간은 책상과 침대 등 최소한의 가구로만 구성된 4~5평 크기의 원룸일 뿐 '1인이 살기 최적화된 주거공간'은 아니라는 것이다.

'젊어서 고생은 사서 한다.' 혹은 '청년들 살 곳은 최소한만 갖춰도 충분하다'라는 인식이 정치인들의 머릿속에 가득한 것 같아요.

하긴 그들이 이런 곳에 살 일은 절대 없겠죠?

아니 그들의 자녀라면

이곳에서 청춘을 계속 보내게 하지 않겠죠?

다 좋다. 합리적인 가격으로 이용 가능한 좋은 공간을 만들어준 것도 감사하고, 부족한 부분을 비판하는 정치권도 고맙다. 하지만 판단은 [이대남]의 몫이다. 청년을 향한 정책을 낼 때는, 그리고 그것을 홍보하거나 반박할 때는 제발 입조심 좀 했으면 한다는 게 [이대남]의 소망이다. '잘 알지도 못하면서' 자화자찬 혹은 평가절하하지 말기를 바란다. [이대남]은 누군가의 구경거리로 전락한 자신의 모습을 억지로 바라봐야 하는 현실에서 벗어나고 싶다. 판단은 [이대남]에게 맡겨달라. "잘난 당신(!)들은 제발 당신들 일에나 신경 쓰고 타인의 욕구나 판단까지 침범하지 말라!"는 [이대남]의 말에 귀를 기울여봄이 어떨까.

부캐가 필수인 시대에
본캐로만 살라는 그대에게

[이대남]보다 시대를 앞서 살아온 기성세대는 하나만 잘해도 되는 세상을 타고난 행운아들이었다. 직장도 하나, 직업도 하나… 그렇게 20년, 30년을 만족하며 보냈으니 지금의 세상에 대해서 감각이 있을 리가 만무하다. 이런 상황에서 하는 조언들이 [이대남]에게 먹힐 리가 없다. 예를 들어보자. "직장에서 최선을 다해야지, 무슨 딴생각을 하는 거야?" [이대남]에게는 우스운 말일 뿐이다. 요즘 젊은 사람들에게는 필수나 다름없는 '부캐'에 대해 알고 말해야 한다.

'부캐'는 '부캐릭터'의 준말이다. 온라인 게임에서 '원래 캐릭터가 아닌 또 다른 캐릭터'라는 의미로 쓰이는 용어였는데 일상생활로 확대되면서 '평소 나의 모습이 아닌 새로운 모습이나 캐릭터로 행동할 때'를 가리키는 말로 활용된다. 요즘 방송 연예계에서 크게 유행하고 있는 단어이기도 하다. 최근 MBC 예능프로 〈놀면 뭐하니?〉에서 MC 유재석이 다양한 부캐로 변신해 활동하는 프로젝트를 본 청년들은 특히 열광했다.

참고로 부캐와 짝을 이루는 표현은 '본캐'다. 본캐는 '본래의 캐릭터'를 가리킨다. 〈놀면 뭐하니?〉의 '유두래곤'(가수)이나 '지미 유'(제작자)가 부캐라면, 유재석이 본캐인 것이다. 부캐와 본캐는 역할을 달리하는 '이중생활' 혹은 '이중인격'이라고 말할 수도 있다. '이중'이라는 의미가 불편한가. 그렇다면 '요즘 세상'과 거리가 먼 사람일 뿐이다. 이미 세상은 부캐와 본캐가 어우러져 멋진 하모니를 이루고 있다. 본캐 하나만으로는 살아갈 수 없는 세상이 왔는데 이를 두고 색안경을 쓴 채 못마땅해한다면?

100만이 넘는 구독자를 보유한 유명 유튜버가 있다. 바로 '슈카월드'다. 그는 워런 버핏과 어깨를 나란히 하는 세계 3대 투자자인 짐 로저스와 인터뷰를 진행했다. 방송국도 성사시키기 힘든 인터뷰를 유명 유튜버인 그가 해낸 것이다. 그런데 그의 유튜버 데뷔 계기가 신박하다. 그는 서울대학교 경제학과를 졸업하고 억대 연봉을 받는 증권회사에 다녔다. 회사 생활을 하면서 개인 유튜브 방송을 시작했는데 재미로 시작했던 방송이 조금씩 인기를 얻으며 구독자가 7만 명까지 늘어나게 됐다.

회사에서 소문이 났다. 증권회사에 다니면서 경제 관련 개인 유튜브를 운영한다? 내가 사장이라면 아예 관련 부서에 배치했을 텐데 그 회사는 오히려 감사팀이 찾아와 이렇게 말했다고 한다. "겸직 금지 의무를 위반해 중징계를 받을 상황인데 사직하면 징계는 없던 일로 해주겠다"라고. 결국 그는 사직서를 썼다. 본캐와 부캐를 철저하게 구분해서 살 줄 아는 '요즘 사람'을 인정하지 못했던 '옛날 회사'의 치명적 실수였다. 이런 일은 관료주의가 팽배한 조직에서 여전하다. 예를 들면 군대라던가.

최근에 전역했어요.

전역하기 전의 일을 말해보려고 합니다.

일과 후 핸드폰 사용에 대해 우리 부대 대대장님은

늘 못마땅해했어요.

군대 편해졌다, 이런 군대가 어디 있느냐,

이런 말을 늘 입에 달고 사시더군요.

일과 중에는 군인으로서, 일과 후에는 개인으로서 사는 것,

그게 도대체 뭐가 문제죠?

중세시대 노예도 그 정도는 놔두지 않나요?

일하고 나면 쉬게 하는 거 말입니다.

[이대남]은 시간과 공간을 상황에 맞춰 분리해서 산다. 1년 365일 일만 생각하며 사는 삶은 지금도, 미래에도 꿈꾸지 않는다. 세상은 변했다. 실제 생활만이 전부였던 과거와 달리 지금은 가상의 공간이 우리 삶의 더 많은 부분을 차지하고 있다. 그런데 이런 변화를 회사가, 군대가 인정하지 않는다면 [이대남]과의 소통은 불가능하다. 가상 세계와 실제

현실이 끊임없이 맞물려 돌아감을 인정하고 그것을 활용할 줄 아는 것은 이 시대를 살아가는 사람이라면 반드시 갖춰야 할 덕목이 되었다.

특히 이십 대 남자와 여자를 대할 때 이중잣대로 들여다보지 말아야 한다. 세상은 [이대남]에겐 본캐 만으로 살아가기를 강요한다. 군 복무 중인 남자의 입장이 한 번이라도 되어본 적이 있는가? 그들의 경쟁자(?)인 이십 대 여자들은 무더운 여름날 에어컨 빵빵한 카페에 앉아 졸업 후 진로를 고민하고 있는데 자신들은 피똥 싸가면서 가스실에서 유격 훈련을 받아야 하는 참담한 현실… 이를 어떻게 본캐로만 극복할 수가 있겠는가. 맨정신으로 군 복무를 하기엔 제대 이후의 현실이 절망적이다. 입사 면접을 볼 때, 시험을 준비할 때 아무도 알아주지 않는 2년 가까운 시간의 공백을 왜 [이대남]만 온전히 감당해야 하는가.

이십 대 여자들이 자신의 취미나 재능을 살려 부캐 활동을 하고, 그것으로 수익을 창출하는 것에는 '사이드 프로젝트' 'N잡' '사이드허슬' 등 다양한 키워드가 붙여진다. 하지만 [이대남]의 부캐 활동은 그렇지 못하다. 단순 취향이 아니라 드러내지 못하고 억눌려 있던 그들의 새로운 자아를 일시적으로나마 봉인해제하고 갑갑한 현실에서 자신의 가능성을 '실험'해 보는 선택인데도 말이다.

오로지 군대에만 국한된 일은 아니다. 본캐와 부캐의 조화에 대한 강요(!)는 취업 이후에도 계속될 것이다. 군대에서 빡빡 기고 있는 동안 높아진 여자 친구의 문화 취향도 맞춰야 하고, 결혼하기 위해 여자를 모실(!) 수 있는 집도 (불가능하지만) 장만해야 하고… 그뿐이랴. 좋아하는 건 축구지만 공연도 억지로 보러 다니면서 여자가 지배하는 세상에 적응할 수 있는 선행학습도 해야 하고, 영업사원으로 바쁘게 일하면서도 코딩학원에 다니며 불안한 내일을 준비해야 하고.

상황이 이러한데도 여섯 시 땡 치기 무섭게 짐을 싸서 다른 '일터'로 떠나는 [이대남]을 두고 "가긴 어딜 가? 우리 팀 오늘 회식이야!"라며 기어코 주저앉히는 늙은 상사의 모습에 [이대남]은 화가 난다. 요즘 사회 분위기상 이십 대 여자 직원에게 술 한잔하자고 했다간 뉴스 메인을 장식하기 십상이니 애먼 [이대남]만 들들 볶는 것이다. 여자들은 물론 사오십 대 남자들 모두 [이대남]에게는 일종의 장벽과도 같다. 그래서 [이대남]은 오늘도 절규한다.

부캐 만들기가 기성세대 남자들이 보기에는
단순 '놀이' 같을 수도 있을 겁니다.
회사 밖에서 수익을 노린다는 것 자체가
'배신'처럼 느껴질 수도 있겠네요.
하지만 우리가 부캐에 골몰하는 건
단순히 재밌어서가 아니라는 것을,
불확실성만 가득한 사회를 살아가는 못난 인간의
합리적인 선택이라는 것을 알아줬으면 합니다.
자신만의 생존 전략을 찾아
쉼 없이 발을 구르는 우리에게
기성세대는 삐딱한 시선이 아니라
무조건적인 응원을 보내주는 게 맞지 않나요?

아군인가 적군인가

[이대남]은 세상의 모든 선배 아니 꼰대 남자들에게 부탁하고 싶다고 했다. 제발 네 편 내 편 가르려고 좀 하지 말아 달라고. 꼰대는 뭐 남자만 있느냐고? 물론 아니다. 여자 꼰대도 있다.

옆 팀의 팀장님이 여자예요.

기복이 너무 심해서 도무지 예측 불가라고 하더군요.

그 팀에 동기가 하나 있는데 미치려고 해요.

남자 팀장이라면 술이라도 마시면서 풀 텐데,

도저히 이해할 수 없는 깐깐함만 가득하니.

그의 말은 계속됐다. 몇 년 후쯤에는 여자 꼰대 상사를 둔 남자 부하들의 '극단적 선택' 비율이 급상승할 것이라고. '여자학(女子學)'이 있으면 배워보고 싶다고. (참고로 그에게 말해줬다. "여성학이란 게 있단다." "남성학은요?"라는 물음이 되돌아오기에 "그딴 게 있을 리가 있어?"라고 면박을 줬다.) 하지만 남자를 팀장으로 둔 [이대남]이라고 상사에 대한 스트레스에서 자유로운 것은 아니었다. 아니 '현재 대세'(?)인 남자 리더에 대한 '적개심'은 오히려 더하면 더했지 덜하지 않았다.

팀장님이 소주 마시면서 그러던데요.
"너는 내 편 맞지?"
상무님한테 깨지고는 저한테 와서
'내 편 여부'를 확인하는 팀장님이 웃겼습니다.
자기편이라고 하면 용돈이라도 줄 건가?
그러지도 않을 거면서.

남자들은 말한다. '여적여', 즉 "여자의 적은 여자다"라고. 이 말을 듣고 여자들은 분노한다. 여자를 우습게 여기는 남자 특유의 성차별적 언어라고. 웃기지 말라. "남자의 적은 남자다"라는 말을 굳이 하지 않는 이유는 그것이 '디폴트'이기 때문이다. 다른 사람을 짓밟고 올라가야 살아남는 더러운 세상.

어쨌거나 '남적남'의 세상에서 [이대남]은 괴롭다. 내 편인지 아닌지 뭐든 이분법적으로 판단하는 게 습관인 사십대 이상의 꼰대 남자는 평생토록 인간관계에서 아군이냐 적군이냐를 따지는 데 시간을 들인다. '전부 아니면 전무'라는 고리타분한 사고방식을 우동 사리처럼 뇌에다 넣어놨나 의심이 들 정도란다.

지금의 정권을 생각하면 한 단어밖에 떠오르지 않아요. '청산'. 미래로 나아가려는 의지는 전혀 느껴지지 않습니다.

물론 청산도 필요하면 해야죠.

하지만 정도껏 해야 하는 거 아닙니까.

과거의 노예도 아니고 맨날 청산, 청산…

편 가르려는 거 아니에요?

옛날엔 오직 '북한'이라는 프레임으로 세상을 바라봤다면

지금은 오직 '민주'라는 프레임으로만 보는 거요.

가짜 반공, 가짜 민주.

오직 자기들의 이익,

그러니까 지위와 돈을 위한 거짓 개념들,

우리가 거기에 순순히 따라갈 것 같나 보죠?

한심합니다.

네 편 내 편 가르는 것, 어렴풋이 짐작은 할 것 같다. 6·25를 겪은 최고령자층, '1987년'을 겪은 중장년층, 그들은 나라를 망친 '빨갱이'에 대한 트라우마 속에서 '이 인간이 아군이냐 적군이냐?'라는 의문을 평생 갖고 살 수밖에 없다

는 것. 그래서일까. 지금도 어떤 일이 발생하면 양쪽으로 나
뉘어 서로를 적대시한다. 이해는 하겠다. 하지만 [이대남]에
게 '내 편'이 되기를 강요하지 말라. 질척대는 것처럼 보일
뿐이니까.

비명을 지르니 엄살이란다

이십 대 여자는 '존재 그 자체'로 [이대남]에겐 부러움의
대상이다. "저기요"만 외치면 세상이 모두 도와주려고 덤벼
드니 얼마나 편한가. 음지에서 비명을 지르는 [이대남]의 존
재에는 관심조차 없으면서. 언젠가 〈조용한 학살을 멈추자〉
란 제목의 기사를 봤다. 그 기사의 부제는 '이십 대 여성의
위기를 가리키는 통계와 수치들, 전문가들 "이십 대 여성 강
해서 그나마 이 정도인 것"'이었다.

제목만 보면 마치 이십 대 여자에게만 세상의 고통이 집

중되는 것처럼 보인다. 제목에서부터 차별적 시선이 느껴진다. 콕 집어서 [이십 대 여자]를 희생양이라 규정했으니 그 반대에 있는 [이대남]은 잘 먹고, 잘 산다는 것인가. 논리의 비약이라고? 정확한 해석 아닌가? [이대남]의 울화통을 터지게 한 기사의 일부만 발췌해본다.

신동근 더불어민주당 의원실이 보건복지부로부터 제출받은 '2019~20년 상반기 자살 현황'을 보면, 올해 상반기 이십 대 여성 자살사망자 수는 전년보다 43% 늘었다. 지난해 자살한 이십 대 여성은 207명, 올해 자살한 이십 대 여성은 296명이었다. 우울증으로 병원을 찾는 이십 대 여성도 급증했다. 국민건강보험공단이 신동근 의원실에 제출한 '여성 연령별 우울증 진료인원 현황'을 보면, 이십 대 여성 우울증 진료는 같은 기간 12만 4,538건에서 17만 2,677건으로 38.7% 증가했다.

극단적 선택 시도도 증가했다. 남인순 더불어민주당 의원실이 보건복지부로부터 제출받은 '응급실 기반 자살 시도자 사후관리사업 현황'을 보면, 올해 1~8월 자살을 시도한 이십 대 여성은 전체 자살 시도자의 19.9%로 전 세대와 성별을 통틀어 가장 많았다. (한겨레, "20

　이십 대 여자의 자살 시도율이 전 세대와 성별을 통틀어 가장 많았단다. 관련된 자료를 찾아봤다. 2020년 8월 13일 보건복지부가 발표한 자료에서 [이대남]과 이십 대 여성의 통계를 확인해봤다.

　'2019년 응급실 기반 자살 시도자 현황'에 따르면 [이대남]의 비율은 17.3%, 이십 대 여자의 비율은 26.7%다. 여자가 압도적으로 높지 않냐고? 숫자만 보고 그 속의 진실은

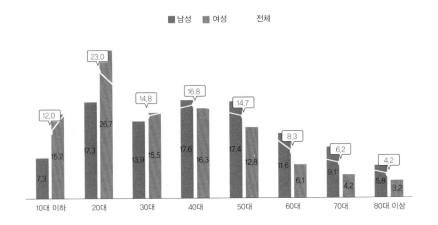

볼 줄 모르는 사람들의 해석이다. 자살 시도는 아무나 하나? 남자는 자살 시도도 마음대로 못한다. 왜? 자살 시도보다 더 힘든 게 '약한 놈' 소리나 듣는 거니까.

이십 대 여자가 자살 시도를 하면 "많이 힘들었구나"라고 말한다. [이대남]이 자살 시도를 하면? "못난 놈"이라고 말한다. 뭐 이런 세상이 있는가. 자료에서 자살 시도의 동기를 확인해봤다. 이십 대 여자는 대인관계 때문이라는 답변 비율이 [이대남]에 비해 높게 나타났다. [이대남]은? 경제적 문제 때문이라는 비율이 이십 대 여자보다 두 배 이상 높았다. '알

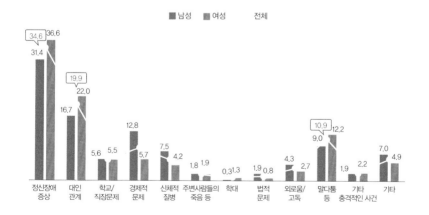

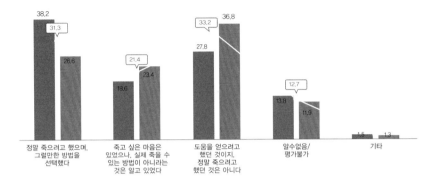

■ 남성 ■ 여성   전체

38.2 31.3 26.6   정말 죽으려고 했으며,
그럴만한 방법을
선택했다

18.6 21.4 23.4   죽고 싶은 마음은
있었으나, 실제 죽을 수
있는 방법이 아니라는
것은 알고 있었다

27.8 33.2 36.8   도움을 얻으려고
했던 것이지,
정말 죽으려고
했던 것은 아니다

13.9 12.7 11.9   알수없음/
평가불가

1.5 1.3   기타

량한' 대인관계의 고통쯤은 [이대남]에겐 극단적 선택의 동
기조차 될 수 없다.

하나 더, 흥미로운 통계가 있다. '자살 시도의 진정성'(?)
에 관한 통계다. '정말 죽으려고 했으며 그럴만한 방법을 선
택했다'는 항목에는 남자의 답변율이 여자보다 높지만 '도움
을 받으려고 했던 것이지 정말 죽으려고 했던 것은 아니다'
라는 항목에는 남자의 답변율이 여자보다 낮다. 어떤 생각이
드는가. 그렇다. 자살 시도와 실제 자살은 다르다. 남자는 한
다면 한다. '정말 죽으려고 하는' [이대남]과 '도움을 얻으려

고 했을 뿐인' 이십 대 여자, 어떻게 생각하는가.

[이대남]과 이십 대 여자 중에 '누가 더 힘든가?'를 겨뤄 보자는 게 아니다. 그래 봐야 세상은 [이대남]에게 '싸울 게 없어서 여자랑 싸우냐?'라고 할 것이 뻔하기 때문에. 하지만 이건 알아줬으면 좋겠다. [이대남]은 힘든 상황에서도 "남자 새끼가 약해 빠져서 자기 목숨 하나 못 챙겨?"라는 말을 들을까 봐 자살도 마음대로 못한다는 것을. [이대남]은 약하지 않다는 것을, 강해서 지금까지 이렇게 버티고 있다는 것을.

세상의 따뜻한 시선은 모두 이십 대 여자에게만 위로와 격려를 보내고 있다. 사회적 고통을 온전히 몸과 마음으로 받아내며 버티는 [이대남]에게는 눈길조차 주지 않는다. 좋다. 이십 대 여성의 고통을 얼마든지 얘기해도. 다만 비교 대상만이라도 제대로 하고 말하자. 가질 거 다 가진, 누릴 거 다 누린 오십 대 이상의 남자로.

chapter 4

남자다움이 아닌
인간다움을 꿈꾼다

영웅을 찾지 않는
영자의 전성시대

　여자가 말하는 여자의 적인 남자들, 그들은 사오십 대 이상의 남자들이다. [이대남]은 적이 아니다. 아니 적이 될 능력도 없다. 시작도 못 하고 져버린 패배자들이니까. 제대로 싸워보기도 전에 이미 밑지고 시작한 사람들. 그런데 세상은 여전히 [이대남]이 영웅이기를 강요한다. 영웅이 되기까지의 고단한 과정을 모두 생략한 채.

　'영웅(英雄)'… 또 여자들의 - '일부' 여자들을 말한다. 이렇게 말해야 마음이 놓이는 상황도 무섭다. - 날 선 비판이

들리는 듯하다. 영웅의 '웅'이 '수컷 웅'인 게 기분 나쁘다는 것이다. [이대남]은 기가 막힌다. '그래? 그럼 가져가라. 영웅이란 말 나도 반납하고 싶다.' 맞다. [이대남]의 말대로 이미 지금은 영웅의 시대가 아니다. '영자(英雌)'의 시대다. (참고로 '암컷 자(雌)')

영웅이란 단어가 짜증이 난다니 살다 살다 별걸 갖고 다 시비를 거는 여자들의 모습에 [이대남]은 질렸다. 시비를 걸려면 사오십 대 남자에게나 그렇게 하라고 말하고 싶단다. 앞으로 남자의 우월한(?) 위치를 논할 때 '[이대남]은 빼고'라는 말을 꼭 붙여달라나.

간신히 '영웅의 늪'에서 빠져나오려는 [이대남]에게 또 어떤 여자가 시비를 건다. 왜 영화에는 모두 '맨'만 위대한가. 그 여자의 말은 이랬다. 스파이더맨, 아이언맨, 배트맨, 슈퍼맨… [이대남]은 양보할 준비가 되어 있다고 하지 않았는가. 다 필요 없으니까 그냥 아이언우먼, 배트우먼, 슈퍼우먼… 이제부터 모두 여자들이 해라.

세상은 '여자 영웅' 아니 '여자 영자'의 시대다. 생각해보자. 영화를 만드는 사람 중 기득권을 지닌 사람들은 아직 사십 대 이상의 남자가 많음에도 요즘 드라마 속의 영웅, 아니 영자들은 이미 여자들이 꽉 잡고 있지 않은가. 남자 영웅을 찾아보기 어려운 시대다. 게다가 옛날 옛적 '람보'를 [이대남]은 모른다. 하여간 결론은?

"저희 이제 '영웅질' 안 할 테니까 실컷 '영자질' 하세요."

본능과 욕구라는
거추장스러운 사치품

요즘 영화나 언론에서 떠드는 작품은 일단 믿고 거른다. 뻔하다. 남성의 폭력과 여성의 증오, 그게 다다. 모든 것이 남자 탓이다. 아빠의 폭력, 음주, 외도 등… [이대남]은 그 모습을 바라보며 생각한다.

세상은 이상해요.

우리를 한쪽으로 몰고 가는 것 같아요.

"그냥 지금 너희 선배들이 한 것처럼 '악역'이나 잘해."

이전 세대의 남성이 저지른 온갖 패악을 그대로 닮고,

또 그렇게 살다가 그렇게 죽으라고 말입니다.

악역을 맡을 사람으로 우리를 택한 듯해요.

[이대남]을 향한 세상의 말에는 위로도, 격려도, 아니 이해조차 없다. 그저 이전 세대의 남자들과 똑같을 것이라는, 아니 똑같아야 한다는 증오와 저주만 가득하다. [이대남]은 어이가 없다. 그럴 힘도, 그럴 돈도, 그럴 지위도 아닌데 말이다. 거기에 기본적인 욕구, 욕망과 같은 본능도 철저하게 숨겨야 한다고 주입한다. 엉덩이가 꽉 끼는 레깅스를 입은 여자가 하필 재수 없게 지하철 에스컬레이터에서 앞에 서 있는 경우엔 절대 앞을 봐서도 안 된다.

세상의 심리학자들은 말한다. 속마음을 털어놓아 보라고. 그래서 털어놨다간? 속된 말로 인생 종친다. 한 프로야구 선수는 '산삼보다 좋다는 고삼'이라는 유치찬란한 말을 자신의 SNS에 썼다가 야구 인생을 접어야 했다. 물론 그 선수가 잘했다는 건 절대 아니다. [이대남]도 그 선수의 말에 어이가 없었다. 하지만 일개 개인의 SNS 한 줄에 세상 악독한 놈 만난 듯이 몰려드는 특정 무리의 모습엔 질릴 정도다. 하루 종일 꼬투리 잡을 거 없나 눈을 희번덕대는 악독한 직장 상사처럼 느껴진단다.

[이대남]은 한 TV 프로그램에서 유명하다는 학자가 나와서 이렇게 말하는 것을 봤다. "욕망에 너그러워져라. 그러면 자유와 매력이 함께 할 것이다." 듣자마자 코웃음이 나왔단다. '그러다가 인생 끝낼 일 있어?' 그렇다. 그 학자의 말은 틀렸다. 그의 말은 다음과 같이 바뀌어야 맞다. "욕망에 너그러워져라. 그러면 비난과 혐오가 함께 할 것이다." 세상은 조심스럽고 두렵기에 [이대남]은 늘 불안증에 시달린다.

남자와 여자는 분명히 다르다. 염색체의 배열도 다르고 유전자도 다르고, 그러니 결국 본능도 다르다. 하지만 여자는 남자가 오로지 착한 청년이기를 원한다. 세상은 하드코어 액션 판타지인데 정작 [이대남]은 소년소녀 아니 소녀소년 권장도서가 되어야 하는 신세가 됐다. 다시 중세시대로 돌아

가 종교적 금기로 가득한 세상이라도 온 것처럼 [이대남]은
꺼내려던 욕망을 꾹꾹 눌러 마음에 담아둔다. 왜? 한번 삐끗
하면 X 되니까.

혼쭐내고 싶은 인간
돈쭐내고 싶은 인간

'돈쭐'.

'돈+혼쭐'의 변형된 표현으로, 정의로운 일 등을 함으로써 타의 귀감이 된 가게의 물건을 팔아주자는 의미로 사용되는 신조어다. 이 어휘의 유래는 단순했다. 가정 형편이 어려운 형제에게 대가 없이 치킨을 내어준 사실이 알려진 한 치킨 프랜차이즈 점주를 도우려는 마음들이 '돈쭐'이라는 다소 재미있는 현상으로 퍼져나간 것이다. 하루에 100마리, 많게는 150마리 이상 팔고 있다고 하니 어쩌면 그 점주는 돈방석에 앉아있을지 모른다. 이 점주를 바라보는 [이대남]

의 시선은 어떨까.

개멋있죠. 그 사람이 남자죠.
말없이 자기 자리에서 선한 마음을 행동으로 표현하는 사람,
그런 사람이 돈을 벌지 못하면
도대체 이 세상에서 누가 돈을 벌어야 합니까.

우리는 그런 분을 존경합니다.
멘토라면서 말이나 찌끄리는 사람 말고,
우리 주변의 일상에서 '진정한 남자다움'을
실천하는 분 말입니다.

누군가 돈을 왕창 번다고 해서 [이대남]은 배 아파하지 않는다. 두 가지 조건만 지켜준다면,

첫째, 불법이 아니다.
둘째, 돈 벌었다고 다른 사람으로 변하지 않는다.

돈을 버는 과정과 돈을 벌고 난 후의 태도를 보고 [이대남]은 존경할지, 경멸할지를 선택한다. 예를 들어 어려운 형제에게 치킨을 내어줘서 '돈쭐' 나고 있는 점주가 곧바로 벤츠를 산다든지, 알바 몇 명 놔두고 자기는 해외여행이나 다닌다든가 하면 아마 [이대남]의 시선은 180도 급반전할 테다. 그럴 리는 없을 것이라고 [이대남]은 믿고 싶다.

아이돌그룹 '브레이브걸스'는 또 어떤가. 해체 직전에 놓였다가 수년 전에 내놓은 노래가 뒤늦게 역주행을 해 순식간에 방송사 음악 프로그램에서 1위를 차지하고 각종 예능 프로를 장식하는 대세 걸그룹이 됐다. 이 걸그룹의 반전 신화에는 현역 군인과 갓 제대한 예비역들의 폭발적인 응원과 염원이 담겨 있다. 왜 그들에게 [이대남]은 열광했을까?

브레이브걸스는 데뷔 후 군 위문 공연만 총 62회를 했단다. 왕복 12시간 걸리는 백령도 부대에도 다녀왔다고 한다. 군 공연 출연료는 일반 행사 출연료에 한참 못 미치다 보니 비용을 빼고 나면 남는 게 없어서 신인도 꺼린다고 한다. 하지만 그들은 자신들의 고단한 시간을 [이대남]과 함께 했다.

왜 그랬을까. 열심히 하면 성공할 수 있다는 꿈을 이루기 위해서였을 것이다. 이런 진정성을 알아보고 이들의 꿈을 현실로 만들어주고 싶다는 [이대남]의 열망이 이들에게 드라마와 같은 성공을 만들어준 것이다.

[이대남]은 영세사업자인 치킨집 박 씨, 4년의 무명시절을 거친 걸그룹 등을 찾아내 응원하고 싶다. 박 씨와 걸그룹이 잘되는 것을 보면서 세상이 해내지 못한 아름다움을 발굴했다는 보람을 느끼고 싶은 것이다. 대신 '생래적(生來的) 나쁜 놈'을 싫어하는 것 그 이상으로 착한 척, 깨끗한 척 온갖 척이란 척은 다 하면서 뒤로는 호박씨 까다가 걸리는 '기술적(技術的) 나쁜 놈'은 더욱더 혐오한다. 청춘을 위로하겠다면서 '무소유'를 설파하던 한 종교인이 TV에 나와 남산 '뷰'(?)가 보이는 단독주택에서 온갖 폼을 다 잡으며 '풀소유'를 자랑하는 모습을 보고 눈이 돌아갔던 이유다.

참고로 특히 여자(!)들에게 인기 있었던 그 종교인 역시 [이대남]이 그리도 탐탁지 않아 하는 사십 대 남자였다. 또 '남적남'이라니…

[이대남]은 청춘을 위로한다고 말하고 다니는 인간은 우선 경계한다고 말했다. 사실 청춘을 위로하고 싶다면 차라리 기부를 하는 게 먼저이지 않을까. 청춘의 아픔을 공감하는 콘서트를 다니면서 실제 그들은 엄청난 부를 축적한다. 그렇게 벌어들인 돈이 많으면서 '돈 버는 법'이나 알려줄 것이지, 지친 청춘들에게 '아무것도 안 해도 괜찮다'라거나 '지금 그대로도 충분하다'며 입바른 강연을 하고 다니는 인간들이 치가 떨린다나.

'괜찮다', '하고 싶은 대로 하고 살면 된다'라면서
돈과 명예는 자기들 손에 거머쥔 사오십 대 형님들,
우리 눈에 띄지 않았으면 좋겠습니다.
만나면 한 대 칠 것 같으니까요.
'죽빵' 갈길 겁니다.

하긴 그 형님들, 아니 그놈들이 우리에게 신경이나 쓸까요?
책 사주고, 애플리케이션 구매한 여자들의
박수 소리만 듣고 살 텐데.

'돈줄'이 되어주는 여자들한테 인기 관리나 하고, 강연으로 수백, 수천씩 벌고, 그 강연으로 책을 쓰고… 꿈같은 일들 하는 거, 한편으론 부럽습니다.

그래도 다행인 건 아직도, 여전히 앞에서 말한 '치킨 형님' 같은 분이 있다는 것이다. [이대남]들에게 가장 흔한 직업인 택배 알바해서 모은 돈으로 치킨 가게를 차렸던 '홍대 앞 상남자 형님' 말이다. 근황이 궁금했다. 그런데, 역시 그는 여전했다.

한 치킨 프랜차이즈 점주인 박OO 씨는 어제(15일)저녁 자신의 SNS를 통해 "오늘 마포구청 복지정책과 꿈나무지원사업(결식아동 및 취약계층 지원금)에 기부했다"고 밝혔습니다. 기부액은 지난 25일부터 전국에서 후원 목적 주문으로 발생한 매출 약 300만 원과 잔돈 미수령·소액봉투 약 200만 원, 그리고 박 씨가 보탠 100만 원을 포함한 총 600만 원입니다. 박 씨는 "이건 분명 제가 하는 기부가 아니다"라며 "전국에 계신 마음 따뜻한 여러분들이 하시는 기부다. 여러분을 대신해 좋은 일을 할 기회를 주셔서 감사하다"고 말했습니다. (중략) 한편, 박 씨는 더 이상의 '돈쭐'은 받지 않겠다고 강조했습니다. 그는 "금일 이후로 후원 목적의 주문은 거부 처리하고, 따뜻한 마음만 받겠다"라며, "앞으로는 실력과 맛, 서비스로 인정받을 수 있는 치킨집 사장이 되겠다"고 말했습니다. (KBS News, "'돈쭐 덜 났네' 치킨집 사장 '또 기부'", 2021.03.16)

'남적남'이 일반화된 시대에 '남친남'(남자와 친한 건 남자)으로 모시고 싶은 '홍대 앞 상남자 형님'은 [이대남]에게 힘이 되고 또 꿈이 된다. 그 사람이야말로 [이대남]이 닮고 싶은, 그리고 믿고 싶은 '시대정신'인 것이다. 말 대신 행동 하나로 모든 것을 이야기해주는 그런 남자, 말과 행동이 일치하는 남자, 이런 남자를 보면서 [이대남]은 오랜만에 '남자다움' 아니 '남성스러움'을 자랑스러워한다. 마지막으로 [이대남]이 '홍대 앞 상남자 형님'에게 꼭 하고 싶은 말이 있다니 한번 들어보자.

"형님, 변치 말아 주십쇼."

남자다움이 아닌
인간다움을 꿈꾼다

남자의 운동과 여자의 운동은 다르다. 여자의 운동이 자기 내면을 향하고 있다면 남자의 운동은 외부를 향한다. 예를 들어 요가는 여자의 운동이다. (이것도 '성차별적 언어'라고 말할지 모르겠으나 요가를 하는 사람들 대부분이 여자라는 의미다. 그나저나 이렇게까지 부연설명을 해야 마음이 놓이는 이 세상, 살기 참으로 어렵다) 요가는 세상을 향해 보여주기보다는 자신의 내면을 가꾸는 운동이다.

반면 남자의 운동은 헬스다. 운동할수록 울퉁불퉁 솟아나는 근육을 보면 안도감을 느낀다. 남자는 누구나 강하게 보이고 싶어 한다. 남보다 더 강해야 살아갈 수 있는 저주스러운 현실이 운동마저도 남보다 강하게 보이는 데 효과적인 것을 택하게 만든다. 도대체 언제까지 자신의 내면이 아닌 강해 보이는 육체 만들기에만 집중해 살아야 할까. 언제쯤 자신의 정신적 건강을 잘 보살필 수 있을까.

'남성성(Masculinity)'이란 말이 있다. '남성이 사회 문화적으로 습득하는 성질'을 나타내는 용어라고 한다. 쉽게 '남성스러운' 행동, 특징, 역할 등이라고 해두자. [이대남]은 불만이다. 언제까지 '남성스럽게' 살아야만 하는가. 기성세대야 남성성 하나만으로도 반은 먹고 들어갔겠지만, 지금은 여성성 없이는 하루도 살지 못한다. '여성스러움' 혹은 '여성다움'은 이 시대의 키워드다.

[이대남]의 입장에선 힘들고 어려운 일은 '남자답게' 하라고 하면서, 좋거나 편한 것은 전부 여자의 몫으로 돌리려는 세상의 흐름이 안타깝다. '남자 체면에…'라는 마음에 하

고 싶은 말조차 제대로 못 하는 현실이 저주스럽다. [이대남]은 "남자가 왜 그래?"라는 말에 아무 소리도 하지 못하는 게 불만이다. "성차별적 언어폭력 아닌가요? 고발하고 싶어요"라고 말할 정도였다.

매년 11월 대한민국을 제외한 전 세계 많은 남성은 한 달 동안 면도를 하지 않는단다. '모벰버(Mo-vember)'라고 불리는 이 전통은 남성들에게 영향을 주는 수많은 건강 문제에 대한 인식을 높이고 기금을 모으고자 하는 자선단체의 노력에서 유래했다. (중략) 사실 모벰버엔 면도를 하지 않는 것 이상의 의미가 있다. 남성 질환인 전립선암, 고환암과 정신건강, 자살과 같은 문제에 대한 인식을 높이고 기금을 모으는 것에 의의가 있기 때문이다. 매우 중요한 건강 문제임에도 불구하고 남성들은 이 주제에 대해 말하는 것을 꺼리고, 이 때문에 쉽게 치료될 수 있는 병도 손 쓸 수 없는 지경에 이르기도 한다. (중앙선데이, "고환·전립선암 숨기는 남성…'모벰버'엔 커밍아웃하자", 2020.11.21)

　여자는 유방암에 대한 인식을 높이겠다며 핑크 축제, 핑

크 마라톤도 하는데 왜 우리 대한민국 남자를 위해선 이런 기획이 없는 걸까. [이대남]은 자신의 아픔을 마음껏 '커밍아웃' 하고 싶다. 지겨운 '남자다움'을 반납하고 '인간다움'으로 살아갈 수 있는 그런 날을 [이대남]은 기대한다. 언제가 될지 모르겠지만.

들리나요?
나 여기 있어요

[이대남]에게 꼰대는 숙명과도 같은 존재다. 아직도 꼰대의 말이 먹히는 유일한 세대가 이십 대, 그리고 삼십 대 초반 남자밖에 없으니까. 꼰대에 대한 정의가 많이 있는데 굳이 여기에서 '꼰대 성립의 요소'를 찾는다면 두 가지가 있지 않을까 한다.

첫째, 들을 줄 모름
둘째, 편을 가름

사실 두 가지 조건도 아니다. 오직 하나다. 듣지 못하는 게 문제다. '듣지 않는다'라고 해야 정확하겠지만. 들을 줄 모르니 열린 사고를 기대하긴 어렵다. 들을 줄 모르니 시야가 좁을 수밖에 없다. 잘 모르면 겸손하기라도 해야 할 텐데 아는 건 또 얼마나 많은지 입꼬리에 거품까지 물고 말하는 거 보면 기가 막힐 정도다.

말투부터가 갑갑하다. '결코' '항상' '매번' '아무도' 등의 단정적 언어에서 벗어나지 못한다. 그렇게 다른 가능성의 문을 닫아버린다. 툭하면 다른 사람 말을 끊고 "그게 아니고" 하면서 끼어들어 주책바가지 소리를 듣는 건 필수다. 그래놓고선 젊은이들과 소통하겠다니 가소로울 뿐이다. 관심 없으면서 관심 있는 척하는 사람의 대상이 된다는 건 [이대남]에겐 모멸감으로 다가온다.

해준 것도 없으면서,

해줄 것도 아니면서,

왜 의견을 듣는 척하는 겁니까?

들었다고 해서 반영할 것도 아니면서.

잘해야 이십 대 여자의 목소리만 반영할 거면서.

[이대남]을 자기가 전부 들여다본 것 마냥 '궁예짓'을 하고, 독심술이 있는 양 함부로 평가하고 판단하는 짓은 그만둬야 한다. 2020년 서울시장 보궐선거에서 패배한 진영의 누군가가 선거의 패인을 마치 [이대남]의 정치적 무지함 혹은 얄팍한 경험 때문이라고 분석한 것은 최악의 판단이 아닐 수가 없다.

이젠 [이대남]의 모습을 삶의 다양성의 하나로 인정할 때가 되었다. 아니 인정하기 힘들다면, 그래서 그동안 아무것도 해준 게 없다면(아니 개처럼 시키기만 했다면) 앞으로는 [이대남]의 모습을 조용히 지켜보고 응원하는 게 옳다. 사회에 적응하지 못한다고, 타인의 관점을 이해하지 못하는 고집불통이라고 함부로 [이대남]을 규정하기 전에 그렇게 말하는 바로 자신이 문제가 아닌지 돌아보는 게 우선이다.

아픔의 커밍아웃

2018년 기준 한국은 10만 명당 23명이 자살을 했다고 한다. 경제협력개발기구(OECD) 국가 중 가장 높은 자살률이다. 이 중 남성의 자살률이 여성보다 높았다. 남성 10만 명당 35.1명이 자살한 반면 여성은 10만 명당 12.8명이 자살했다고 한다. 참고로 영국에서도 남성 자살률이 여성보다 높았다. 남성의 경우 11.4명인데 여성은 3.3명이다. 거의 모든 OECD 국가에서 남성이 여성보다 훨씬 높은 자살률을 보인다. 남자의 고단함은 오로지 한국에만 국한된 것은 아닌 모양이다.

남자의 자살률이 높은 건 우울감이 심해져 감정의 깊은 곳을 잠식하는데도 알아채지 못하고 그들의 감정을 숨기는 데만 익숙해져 있기 때문이 아닐까. 남자가 감정을 드러내는 데 익숙지 않은 것은 대한민국에서만 볼 수 있는 현상은 아니다. 세계보건기구(WHO)는 여성이 우울증 진단을 받을 가능성이 훨씬 더 크다고 발표했는데, 남성의 자살률이 높다는 걸 생각하면 이는 남자들이 우울증에 있어 의학적 도움을 받지 않고 있다는 분석이 가능하다. 게다가 자기 행동에 대한 책임은 본인이 지는 것을 중요시하는 한국사회에서 남자들이 타인에게 도움을 구하는 것, 특히 감정적인 지원을 요청하는 것은 너무나도 어려운 일이다.

참고로 영국도 같은 문제를 가지고 있단다. 전통적으로 영국은 타인에게 자신의 감정을 드러내는 것을 꺼리는 문화가 있다. 지나치게 감정을 표현하는 것을 무례하다고 여기고 그런 행동이 다른 사람을 불편하게 한다고 생각한다. 영국 사람들은 유난히 남자다움을 과시하는 문화가 있는데 이로 인해 남자들은 자신의 약점이 드러난다고 생각해 육체적 혹은 정신적 문제를 인정하는 걸 주저한다고 한다.

'아픔의 커밍아웃', [이대남]에겐 필요한 과제다. 신체적 그리고 정신적 아픔에 대한 도움이 필요할 때 누군가와 이야기하는 것이 절대 잘못된 게 아니라는 인식을 그들이 가져야 한다. 이제 약자로서의 [이대남]을 받아들여야 할 때다. 현실은 시궁창이라도 언젠가는 잘 살고 싶은, 우울감에 잠식되고 싶지 않은 그들을 응원해야 한다.

여자의 언어
남자의 언어

영화 〈범죄도시〉의 주인공 장첸이 한 대사다. "돈 받으러 왔는데 그거까지 알아야 되니?" 여자들은 어떻게 받아들일지 모르겠지만 남자들에겐 사이다와도 같은 말이다. 돈 받으러 온 사람에게 돈을 줄 건지만 말하면 되지 뭐하러 이런저런 사정을 읊조리는 건가. 남자의 언어는 여자의 언어와 문법부터 다르다. 다른 걸 어떻게 하겠는가. 하지만 세상은 자꾸 '여자처럼' 말하라고 한다. 그렇게 말하지 않으면 앞으로 살기 힘들단다.

과거의 남자들은 자신의 언어를 마음껏 사용했다. 여자들이 느끼기에, 아니 [이대남]이 생각하기에도 그 말들은 거칠고 폭력적이었다. 직장에서 자신의 상사를 상대해야 하는 [이대남] 역시 그런 폭력적인 언어의 피해자다. 하지만 남자와 다르다는 여자의 언어는 너무 난해하다. 상상 그 이상이다. [이대남]은 말했다. "한번은 남자 상사, 한번은 여자 상사를 모셨는데 달라도 너무 달랐다"고.

요즘 너무 힘들다는 말씀을 드렸을 때
남자 팀장님과 여자 팀장님의 반응은 달랐어요.

남자 팀장님은 말했어요.
"남자가 약해 빠져서. 술 사줄 테니 따라와."
어떻게 됐냐고요? 감정적으로 해결이 됐어요.

그런데 여자 팀장님은 다르더군요.
"일하기 어려워요? 그럼 내일 연차 쓰고 쉬어요."
뭔가 이해를 받은 거 같지만 한편으론 찝찝했습니다.

참고로 저희 연차, 유급입니다.

'네 돈 내고 네가 알아서 해결하라'는 느낌?

기분… 더러웠습니다.

[이대남]은 폭력적이고 답답했지만 그래도 남자 팀장의 해법이 편했다고 한다. 여자 팀장의 해법은 이해는 받은 거 같지만 차갑다는 느낌이 들었단다. '업무가 아니면 개인적으로 감정을 섞지 말아야지'라는 마음을 먹게 되었다나? 그래도 조금 더 인생을 살아본 입장에서 '여자 팀장님'을 변호해 보자면 이렇게 [이대남]에게 설명할 수 있을 듯하다.

"여자 팀장님 나름대로 공감의 언어를 구사한 것이라고 여겨진다. 힘들다고 하니 정상적인 업무를 수행하기 어려울 테고, 이를 방치하면 업무에 지장이 있을 거라 연차를 써서 부담 없이 쉬라고 배려한 거다"라고.

하지만 [이대남], 이런 말에 공감하기엔 너무 지쳐 있다.

글쎄요. 그렇게 생각하고 싶지만…

이성으로는 받아들일 수 있지만, 마음이 안 움직이네요.

여자는 말을 듣는 존재인 거 같습니다.
남자는 상황을 듣는 존재고요.
말을 말로 듣는 연습을 해야 할 거 같아요.
상황을 여자에게 말해봐야 본전도 찾지 못할 듯합니다.

앞으로의 전개 과정이 궁금하다. 사실 이건 누가 더 지배적인 종(種)인가의 문제다. 지배를 당하는 종은 지배하는 종의 언어를 사용해야 한다. 일제 강점기 때 조선이 일본어를 사용할 수밖에 없었던 것처럼. 그렇다면 지금은? 지금은 여자 '종'이 지배하는 시대다. 그러니 [이대남]의 앞날에는 귀찮고 힘들더라도 여자의 언어를 학습해야 한다는 과제가 남아있다.

하지만 [이대남]에게 여자의 언어는 여전히 '넘사벽'이다. 당연하다. 여자와 남자의 사고방식은 근본적으로 다르기 때문이다. 여자들은 대학 때 친구와 나눈 수다 내용을 모두 기억한다고 한다. 언어 구사력 또한 남자보다 월등하다. [이대남]은? 가장 활발한 교류의 시간이라고 할 수 있는 친구들과 술 마실 때 혹은 게임을 할 때조차 대화란 아주 불필요한 무엇이었다. 가장 많이 한 대화는 "먹고 죽자!" 정도? 솔직히 남자의 언어는 저급하다. 직관적인 동물인 남자에게 언어를 통한 소통은 그리 중요하지 않았으니까. 하지만 세상은 [이대남]의 소통방식이 남자를 '소외'되게 만들고 있다고 은연중에 알려주고 있다.

그렇다고 남자가 곧바로 '여성스러움'을 장착하고 여성의 언어와 행동, 태도와 기분을 모두 따라 하는 것이 어디 하루 이틀에 될 일인가. 게다가 여전히 사회와 조직의 상층부를 차지하고 있는 기성세대 남자의 고루한 생각들은 또 고스란히 받아내야만 하니 [이대남]에게 주어진 과제가 너무 가혹하다. 그뿐이랴. '말 잘 듣는 남자 부하직원'의 편안함을 맛본 여자 상사들도 요즘엔 이렇게 말한다고 한다. "여자인 나도 사실 남자가 더 편해." [이대남]이 무슨 자기들의 시종이라도 되는 줄 아나 보다.

제발 나를 그냥 내버려 두시오

파트리크 쥐스킨트가 쓴『좀머 씨 이야기』라는 책이 있다. 사실 별 내용도 없다. 작은 마을에 사는 좀머 씨라는 남자가 늘 바쁘게 걸어 다닌다는 이야기다. 비가 오나 눈이 오나 1년 365일 하루도 안 쉬고 걷는다. 좀머 씨를 지켜보던 작중 화자인 '나'는 늘 좀머 씨를 궁금해한다.

그러던 차에 '나'는 아버지와 함께 외출하고 돌아오는 길에 좀머 씨를 만난다. 우박이 쏟아지는 폭우 속에서도 하염없이 걷고 있는 좀머 씨를 보고 아버지는 차를 태워주려 하지만 좀머 씨는 거부한다. 계속된 아버지의 권유가 귀찮았던 걸까. 좀머 씨는 외친다.

"나를 좀 제발 그냥 두시오!"

[이대남]의 생각, 좀머 씨의 말과 많이 닮았다.

"제발 좀 저를 그냥 놔주십시오!"

좀머 씨는 그냥 걷고 있었을 뿐이다. 세상 사람들은 좀머 씨가 걷는 이유를 알려 하지만 단순 호기심일 뿐 그 이면에 담긴 삶의 무게를 이해하거나 공감해줄 마음까진 없다. 그걸 알기에 좀머 씨는 "제발 그냥 놔두시오!"라고 외치는 것이다. 마찬가지다. [이대남]은 '그냥 살고' 있을 뿐이다. 그런데 군이 [이대남]을 하나의 현상처럼 생각해서 규정지으려 하는 건 그들에 대한 예의가 아니다. 단순 호기심으로 다른 사람을 궁금해하고 성급하게 판단하려 하는 것, 바로 그것이 [이대남]을 불쾌하게 한다.

'90년대 생이 왔다'라고 하잖아요.

웃겨요. 저는 어딘가에서 온 적이 없거든요.

그냥 원래 있던 자리에 있었을 뿐입니다.

솔직히 나 자신도 나를 잘 모르겠는데

우리에 대한 아무런 경험도 없는 누군가가

이십 대는 이렇다 저렇다 말하는 거, 정말 코미디죠.

우리를 규정한 키워드들, 솔직히 그거

아저씨, 아줌마들에게 더 들어맞지 않나요?

[이대남]은 자신들이 '○○ 현상'의 주인공, 아니 대상이 되기를 거부했다. 그리곤 제발 좀 놔두라고 했다. 물론 여기엔 피해의식이 있는 건 맞다. [이대남]을 향한 세상의 시선은 대부분 불법 촬영, N번방 문제, 약물 강간 등에 쏠려 있지 않은가. 지금 세상이 [이대남]을 향해 보내는 시선 중에 긍정적인 키워드가 단 하나라도 있는지 이야기해보라. 없지 않은가. 온갖 부정적인 키워드로 [이십 대 남자]를 옭아매 놓고선 "이게 너지?"라고 얘기하는 건 폭력 아닌가. [이대남]은

"그게 왜 나냐?"고 반문하고 싶었단다.

뉴스나 SNS를 보면 온갖 악담이 [이대남]을 향하고 있다. 물론 그들도 알고 있다. 남자들에 대한 여자들의 불안을. 자신의 사랑(?) 아니 집착을 받아주지 않았다고 세 모녀를 살해한 이십 대 남자의 뉴스를 들을 때면 [이대남]도 '피꺼솟'이 된다. 하지만 이거 하나 알아줬으면 한다. 같은 이십 대 남자지만 그런 이십 대 남자를 세상 대부분의 [이대남]은 인간으로 취급하지 않는다는 것을. 여자가 생각하는 그 이상으로 혐오한다는 것을.

쓰레기 같은 이십 대 남자 하나가 일으킨 일에 온갖 부정적 이야기를 쏟아내며 [이대남]을 일반화하려는 세상이 야속하다. 제대 후 자신만 뒤처졌다는 불안함에 매일 밤잠을 설치는 [이대남]에게 세상은 '조용한 학살'을 자행하고 있다. [이대남]이 자신에게 주는 박한 점수도 모자라 세상이 보내는 따가운 시선까지… [이대남]은 안팎에서 조여오는 숨통에 질식하기 일보 직전이다.

도와주지 않으려면, 아니 도와주지 못하니까, [이대남]을 제발 그냥 놔두라. "그러니 제발 나를 그냥 놔두시오!"라고 말했던 좀머 씨의 절규는 결국 [이대남]의 절규였다. 아울러 'OO 현상'이라면서 [이대남]을 몇 개의 키워드로 속단하려는 경박스러운 시도도 그만두고.

옜다, 사랑 계약서

사랑이요?

남자와 여자의 사랑은 다른 것 같아요.

뭐가 다르냐고요? 글쎄요. 잘 모르겠습니다.

맞아요. 사랑이 헛갈립니다.

과거에는 헛갈릴 때 과감하게 도전하는 쪽을 선택했지만

지금 세상엔 헛갈리면 안 하는 게 맞는 것 같습니다.

사랑이 헛갈리다니? [이대남]의 혼란스러움에는 일리가

있다. 남녀 간의 사랑을 예로 들어보자. 사랑이란 육체적 관계를 맺기 전에 시도하는 '시시덕거림(Flirting)'이라는 말이 있다. 고귀한 정신을 천박한 욕망으로 비하하는 것 같아서 미안하지만 이보다 더 구체적이며 정확한 사랑의 정의가 있을까.

사랑이 성적 욕망이 아니면 도대체 무엇이란 말인가. 감정적 애착 그리고 성적 욕망의 승화 거기에 더해진 환상, 이런 것들이 결합한 복잡한 그 무엇 아닌가. 하지만 [이대남]은 사랑을 한다는 건 일종의 계약이 선행돼야 시작할 수 있는 것이 아닐까 생각한다.

'미투'가 한참일 때는 여자 친구와 계약서를 쓸까도
심각하게 고민해봤어요.
물론 혼자만의 생각으로 끝나긴 했지만.

그런데 나름대로 그가 생각한 사랑, 정확히는 사랑의 행위 수칙은 다음과 같았다.

1) 특별한 상황이 아니라면 손은 편하게 잡는다.

2) 볼에 하는 뽀뽀는 여자 친구의 수동적 동의가 필요하다.

3) 입에 하는 키스는 여자 친구의 적극적 동의가 필요하다.

4) 섹스는 여자 친구의 승인을 필수로 하되 강압이 아니라 합의된 것이라는 걸 미리 녹음해둔다.

웃음만 나온다. 이게 무슨 사랑인가. 남녀 간의 접촉이 추행이 되지 않으려고 몸부림치는 [이대남]의 고뇌가 뼈저리게 느껴진다. 사랑 하나도 계약서 쓰고 해야 하는 세상, 안타깝다. 그리고 미안하다.

가부장제여, 안녕!

[이대남]이 생각하는 '잘 산다는 것'은 무엇일까.

서로의 존재를 확인하고, 인정한 후
각자 무탈하게 살아가는 것이 잘 사는 모습 아닐까요?

그의 말에서 방점은 '각자'에 찍혔다. [이대남]은 기성세대 남자들의 대표적인 특징인 '형님 문화'가 지겹다. 가부장 문화도 마찬가지다. 우리 사회 중심 가치였던 가부장제로 인해 집안의 모든 경제를 책임졌던 아버지의 모습은 절대 닮고 싶지 않다. 아침에 일하러 나가서 밤늦게 들어오고 가족과의 유대를 맺을 기회는 전혀 없이 가장의 역할로만 살아온 자신의 아버지를 생각하면 [이대남]은 가슴 한쪽이 답답하다.

사회생활, 정확히는 돈을 벌기 위해 사랑하는 가족과 시간적, 공간적으로 멀어질 수밖에 없는 비극은 지금의 아버지 세대에서 끝나기를 [이대남]은 원한다. 가부장제로 중독된 세상에서 탈출하고픈 게 [이대남]의 바람이다. 이게 담보되지 않으면 결혼할 이유가 없다는 게 [이대남]의 견해. "남자답지 못하다"라는 말을 들을 것을 각오하고 말한다면 영혼을 갉아먹는 일터에서 하루하루 버텨가며 힘들게 번 월급을 몽땅 집안일 하는 여자에게 맡겨버리는, 한마디로 '여자 좋은 일' 하는 건 그만하고 싶다는 거다. 생고생은 남자가 하고 경제권은 여자가 쥐니 여자 좋은 일이 아니고 뭔가.

그냥 하고 싶은 것 하면서,
내 돈 내가 벌어서 내가 쓰고 살아도 시간이 모자랄 텐데

뭐 대단하다고 평생 함께 살 사람을 찾아 결혼해야 하는지
이유를 모르겠습니다.

제 삶을 일구는 데 집중하는 게 먼저 아닌가요?
'운명의 사람'이 나타나면 달라질 거라고요?
글쎄요, 과연 그럴까요.

그리고… 어차피 돈이 문제 아닌가요?
둘 중 돈 더 잘 버는 사람이
'과거의 가부장 역할'을 하면 되죠.
저요? 자취 7년 차입니다.
요리요? 잘해요.
빨래? 웬만한 건 제가 동네 세탁소보다 더 깔끔하게
손빨래할 자신 있습니다.

직장생활이나 사회생활? 하기 싫습니다.
돈 많은 여자, 나보다 잘난 여자 만나서
집에서 살림하고 싶어요.

가장의 권위요? 얼마든지 가지라고 하세요.

그런데, 그런 여자 있어요?

[이대남]은 돈 많은 여자와 만나고 싶다는 '꿈'(?)을 말함에 주저함이 없었다. 사회생활? 필요 없단다. 그냥 '전업주부처럼' 살고 싶다고 했다. '전업주부처럼 산다'라는 것에 대한 그의 로망은 일견 합리적이었다. 그의 말은 계속됐다.

사랑하는 여자가 생겼는데 마침 그 여자가 능력도 있다면,

'땡큐'죠.

아이도 낳지 않고 집에서 살림만 하고 싶습니다.

아내를 직장에 보내고 집에서 청소하고,

마트 가고 음식물 쓰레기 버리고,

시간 나면 문화센터에 가고.

'나도 집안일 잘할 수 있음', 결국 이 말이 그의 자신에 찬 이야기의 핵심이었다. 혹시라도 그러다 다시 사회생활이 하고 싶다면 어떻게 할 것인가?

어쩔 수 없죠. 뭐. '경단남' 되는 거죠.

아니다. 만약 직장에 다니고 싶다면?

흠, 굳이 '경단남'까지 꿈꾸지 않아도 되지 않나요?

사실 '경단남'이라는 건 이전에 하던 일을 똑같이

계속하고 싶다는 일종의 욕심 아닌가요?

배달 일을 하면 되죠. '파트타임'으로.

[이대남]의 이런 소박한 꿈을 세상은 알고 있을까.

여자의 7시간, 남자의 7분

중년의 남자 가수가 이런 말을 했다. "오늘만 산다는 각오로 여자를 살펴야 해요. 약간의 변화에 대해서도 관심을 갖고 얘기해보세요. '오늘 옷 예쁘네!' 그냥 미쳤다 생각하고 한번 해보세요." [이대남]은 그 중년 남자의 말에 어이없어했다.

남자가 무슨 여자 '시다바리'인가요?
남자가 여자를 재밌게 해주는
장난감처럼 생각하는 거 아닌가요?
남자를 노리개 취급하는 것도 아니고,

도대체 무슨 생각으로 저따위 말을 하는 거죠?

같은 남자지만 우리를 향한 늙은 남성의
성희롱적 발언 아닌가요?
사과해야 합니다, 그 아저씨.

그 중년의 남자 가수에게 "아니 그렇게 해서 뭐하게? 꼬셔서 한 번 놀게?"라고 묻고 싶었단다. [이대남]은 기성세대, 특히 남자 선배들의 낡아빠진 사고방식이 마음에 들지 않는다. 하지만 그렇다고 해서 [이대남]이 그들과의 관계에서 마음대로 할 수도 없는 노릇이다. 그저 이렇게 방어적으로 결론을 내린다. '됐다. 그냥 말 안 섞고, 같이 안 놀란다.'

여자는 '투데이 이벤트'에 집중한다는 말이 있다. '지금, 여기'를 만끽하고 살아갈 줄 아는 것이 여자의 특징이라는 것이다. 남자는? 그게 참 어렵다. 옛날 옛적 돌도끼로 사자를 때려잡던 원시시대부터 가족을 먹여 살려야 한다는 생존 DNA가 깊숙이 박혀 있기 때문이리라. 이런 남자에게 여자를 세세하게 살피고 '예쁘게' 포장해서 말해보라고 하는 건 평생 마음에 없는 '아부꾼'으로 살라는 말과 같다.

세상이 뭐라 해도 확실한 건 있다. 남자와 여자는 다르다. 그 다름이 과거에는 차별로 이어져 여자들이 남자에 대해 적개심을 갖는 계기가 되었을 것이다. 하지만 지금은 오히려 그 다름을 철저하게 인정할 줄 알아야 한다. [이대남]은 길게 말하고, 예쁘게 말하는 것에는 자신이 없다. 그런데 그걸 잘해야 한다니, 곤혹스러울 뿐이다.

대학 다닐 때 동아리에서 놀러 간 적이 있어요.
밤에 술을 먹고 거실에서 이야기를 나누기 시작했죠.
여자 선배가 있었어요. 저는 피곤해서 자정쯤 자러 들어갔는데
아침에 일어나 보니 그 여자 선배,
전날 본 그 자세 그대로 다른 여자 후배랑
계속 이야기를 나누고 있더군요. 저는 졌습니다.

자신은 누군가와 7분만 대화를 나눠도 할 말이 없는데 여

자들은 7시간 대화를 나눠도 여전히 할 말이 있다는 것이 신기할 따름이다. 하지만 어쩌랴. 앞으로 [이대남]은 7시간 말해도 지치지 않는 여자를 동료로, 후배로 그리고 직장 상사로 모시고 살아야 할 텐데.

남자의 DNA에는 모든 사람이 경쟁자라고 기록돼 있다. 당연하다. 야생에서 남보다 먼저 소와 돼지를 잡아야 온 가족이 먹고 살 수 있었으니까. 특별히 대화할 필요도 없다. 짐승과 대화를 할 이유는 없지 않았는가. 반대로 여자는 집에서 남편을 기다리며 아이들, 그리고 주변 이웃들과 끊임없이 대화를 나눈다. 그게 바로 여자들의 대화 DNA의 시초일 테고.

남자는 상대의 말에 귀 기울이는 능력이 부족하다. 여자는? 타인의 말에 귀를 기울일 줄 안다. 과거에는 그런 남자의 태도로도 살아남을 수 있었지만, 지금은 여자의 공감력이 대세가 되었다. 하필 [이대남]의 세상이 그렇게 변해버렸다. [이대남], 그 변화를 따라가기가 심히 벅차다.

쇠라도 씹어 삼키란 말인가

청춘은 벼슬일까, 아니면 형벌일까.

　세상은 청춘을 위해주는 척하면서 실제로는 온갖 의무만
지운다. "아프니까 청춘"이라고 말했던 한 대학교수는 "트렌
드를 못 따라가면 안 된다"며 매해 새것을 찾아 나서라고 한
다. "그냥 그대로가 괜찮아"라고 했던 한 연예인은 그렇게 말
하는 것만으로도 한 시간에 수백만 원을 번다고 했다. 그 교
수를 위해, 그 연예인을 위해 밑밥 깔아주기 용도로 이용되
었다는 생각에 [이대남]은 배신감을 느낀다.

세상의 변화에 조금이라도 뒤처지지 말라고 해놓고선 한편에선 지금 그대로 괜찮다고 말하는 기성세대 남자의 말을 [이대남]은 이제 믿지 않는다. 괜찮다고, 아픔이 당연하다고 해놓고선 정작 지금에 와서는 "젊은 사람이 왜 그래"라며 타박하는 건 일종의 사기다. 오갈 데 없는, 할 일이라곤 몸으로 때우는 게 전부인 [이대남]의 분노를 일으키기에 충분했다.

청춘은 쇠라도 씹어 삼켜야 하나요?
그래 봐야 현실에선 2등 시민일 뿐인데요.
그리고 쇠 씹어 먹다가 아프면 드러낼 수도 없잖아요.
드러내면 남자가 뭐 그리 징징대느냐고 타박이나 하고.

기성세대 남자들은 말한다. 자신들이 잘못했다고. 그래놓고선 이제 여자의 시대니 그것을 따라야 한단다. 염치가 없어도 이렇게 없을 수가 있는가. 기득권으로 가져갈 건 다 가져가 놓고선, 가져간 거 토해내지도 않을 거면서, 그저 입에 발린 반성만 슬쩍 내비치고 한다는 말이 "이젠 여자의 시대"라고? 선배(라고 부르고 싶지도 않은) 기성세대 남자들의 이중적인 태도 앞에 [이대남]은 설 곳이 없다. '아픈 청춘'으로 살아도 된다고 했지만, '좀 느려도' 된다고 했지만, 실제로 그건 이삼십 대 여자들을 위한 위로와 격려였지 [이대남]을 위한 말은 아니었던 셈이다.

이십 대 여자가 말하면 '아픔'이다. 하지만 [이대남]이 말하면 '엄살'이 된다. 차별이 문제라고 해놓고선 정작 [이대남]은 차별의 가장 밑바닥에 버려둔다. 답답하고 억울하지만, 혼란스럽고 불안하지만 아무 데도 하소연할 곳이 없다. 누군가는 청춘이 벼슬이라고 했지만 정작 청춘은 악몽이다. 그렇게 비극은 계속되고 있다.

chapter 5

그래서 바디 프로필을 찍었다

[이대남]이 7번을 찍는 이유

[이대남]의 마음속엔 상대적 박탈감이 가득하다. 모든 것이 여자 위주로 돌아가는 세상이 예뻐 보일 리가 없다. 그들은 정치에는 무관심하다. 정부에는? 반대한다. 그렇다고 소위 현재 야당이라고 불리는 특정 정당을 선호하느냐? 그것도 아니다. 최악이나 차악이나 거기서 거기이기 때문이다. [이대남]을 마치 '무능력자' 취급하는 그들이 모두 밉다.

서울에서 시장 보궐선거가 한창일 때 저는
7번을 찍기로 마음먹었어요.

그냥 재미로 찍은 거냐고요? 그렇게 말하는 저의가 뭐죠?

찍을 사람이 없어서 7번을 찍으려는 게 아니었어요.

찍을 만한 사람이 7번밖에 없었습니다.

대통령 선거 때는 진보진영을 찍었어요.

아니다. 진보라고 말하기도 그렇네요. 그냥 좌파를 찍었죠.

이번엔 우파라는 2번을 찍으려고 했어요.

하지만 선거운동이 시작되면서 바꿨어요.

서로 남 탓만 하는 우파와 좌파의 건방짐,

어쩜 그리도 변한 게 하나도 없는지.

7번은 달랐어요.

최소한 거리의 플래카드 선전 문구에 관한 한.

보신 기억 있으세요? '재산세와 자동차세를 내지 마세요.'

대박 아닌가요?

[이대남]은 말을 이어갔다. 상기된 표정으로.

우파는 '병신이 병신 짓'을 하는 것 같아요. 한심해요.

좌파는요? '병신이 잘난 척'을 하는 거로 보여요. 역겨워요.

6·25 전쟁, 베트남 전쟁을 대단한 추억처럼 생각하는
꼰대들이나,

공부는 안 하고 데모만 해놓고선 그걸 무슨 무용담처럼
지껄이는 인간들이나, 그게 그거예요.

오십 보, 백 보도 아니고 둘 다 그냥 백 보예요.

재수 없는 방향으로.

[이대남]은 특히 절대 자기 탓을 하지 않는 인간들에 대한 혐오를 드러냈다. 반성과 계획으로 채운 자기 이야기는 하나도 할 줄 모르면서 오로지 상대방에게 흠집을 내고 어떻게든 깎아내리려는 정치인들의 모습, 그건 혐오의 대상, 그 이상도 이하도 아니었다. 도대체 웃음 하나, 희망 한 조각 주는 것도 못하는 정치인들이 무슨 국민을 위한다고 설치냐는 것이었다.

7번? 솔직히 정치인인지, 방송인인지, 유튜버인지,

아니면 사이비 교주인지 모호한 분이죠.

하지만 공약만큼은 마음에 와닿았어요.

그는 자기 얘기를 할 줄 알더군요.

자동차세 이걸 왜 내야 하나요?

자동차 살 때 이미 세금 냈잖아요.

그런데 왜 일 년에 두 번 꼬박꼬박 자동차세를 받냐고요.

그리고 그 돈으로 도대체 무엇을 했나요.

이런 고민, 1번과 2번에선 못 봤어요.

자기가 싼 똥이 얼마나 고약한 냄새를 풍기는지 모른 채 매번 상대방만 비난하는 기성세대의 유치한 정치 태도에 [이대남]은 손절의 뜻을 분명히 했다. 그냥 흘려듣기에는 너무나 정확한 지적이라 오히려 마음이 아프다.

이유 있는 양카 본능

차에는 '양카'란 게 있다. '양아치+카'의 합성어로, 소위 '양아치'가 타고 다닐 것 같은 자동차를 의미한다. 본래는 1980~90년대 젊은 졸부들이나 야타족, 오렌지족들이 주로 애용하던 차량을 지칭하는 말이었는데 요즘에는 '돈을 어중간하게 가진 경박한 젊은이가 타는 요란하게 튜닝한 국산차'라는 의미로 사용된다. 이런 차를 타는 [이대남]에게 어른들은 말한다. (가만 [이대남]도 이미 어른 아닌가?) 도대체 뭐 하는 짓이냐고. [이대남]은 대답한다. "뭐 하긴요? 잘하고 있는 거죠."

아무도 봐주지 않는 [이대남]에게도 '인정욕구'라는 게 있다. 물론 양카에 대한 부정적 시선을 모르는 바는 아니다. 하지만 [이대남]에게 그런 사람들의 시선쯤 '노프라블럼'이다. 고루한 인간들의 비웃음 따위 뭐 그리 대수라고.

물론 양카의 근본이 '허세와 경박함'이라는 사실은 인정한다. 하지만 [이대남]이 양카에 대해 아무렇지도 않게 여기는 건 자신들의 좁쌀만큼 남은 자존심의 표현이기 때문이다. 공부도 못해, 취업도 못 해, 그렇다고 뒤늦게 뛰어든 주식도 안 돼… 뭐든 다 안 되고, 뒤처지는 세상에서 유치찬란한 양카 하나로 시선 좀 받아보는 것 정도 기꺼이 자신을 위해 감수하겠다는 거다.

99명이 부정적 시선을 보내더라도 긍정적 시선을 보내주는 단 한 명만 있으면 얼마든지 살아갈 용기를 내는 게 [이대남]이다. 참고로 양카도 아무나 소유하는 게 아니다. 비록 차 값은 1,000만 원이라도 '튜닝'하는 데 수천만 원이 드는 경우도 흔하다. 우습다고? 괜찮다. [이대남]의 자기만족이니까. 거기다 자꾸 훈장질하지 마라. 투머치 토커는 박찬호 하나로도 충분하니까.

제가 좋아하는 것에 지갑을 열고
수백만 원을 지불하는 것에 왜 망설여야 하죠?
제 감정과 욕구를 충족시키기 위해
돈을 아끼지 않는 것뿐인데요.
내가 좋아하는 것에 나의 시간과 돈을 투자하는데 그게 왜요?

저는요, 제가 싫어하는 것에는
단 1초의 시간도 낭비하기 싫어요.
좋아하는 것에 집중하는 것, 그때만큼은 행복합니다.
그렇게 살 겁니다. 앞으로도 계속!

돈 대줄 것도 아니면서 왜 [이대남]에게 쓸데없는 '지적질'과 '꼰대질'을 하는가. 아무리 옳은 소리라도 지적하듯 듣기 싫게 전달하는 기성세대의 말투로는 소통은커녕 갈등만 깊어질 뿐이다. 있는 그대로의 자신을 사랑하려 노력하는

[이대남]을 응원한다면, 험난한 세상에서 작게나마 자기를 위로할 수 있는 어떤 것을 찾아 향유하는 [이대남]의 마음에 공감한다면, 다양하고 진보적이며 소셜 미디어에 능한 젊은 그들과 어울리고 싶다면, [이대남]의 양카 소유 본능을 있는 그대로 받아들일 수 있는 아량 정도는 탑재하기 바란다. 소통은 그 후에나 가능하겠다.

싫지만 않으면 됩니다

여자는 화장품을 고를 때 탐색하는 본능이 발동한다. 능동적인 소비자가 되어 제품을 비교하고, 자기 피부에 맞는 제품을 찾는다. 한마디로 깐깐하다. 남자들은? 일단 관대하다. 내 피부 타입에 맞고 딱히 문제 될 요소가 없으면 일단 구입한다. 그래서일까. 실제로 화장품을 개발하는 사람들의 말을 들어보면 제품 모니터링할 때 여자들에게는 여러 샘플 중 어떤 제품이 가장 좋은지를 물어보고 남자들에게는 마음에 들지 않는 샘플이 뭔지를 물어본다고 한다.

남자에게 어떤 제품을 좋아하는지, 왜 좋아하는지에 대해 말하라 하면 진심 당황한다. 하지만 싫어하는 이유는 확실하다. 화장품을 예로 들면 '끈적인다', '냄새가 독하다', '색깔이 너무 하얗다' 등으로 말이다. 이런 남자들을 위해서는 싫어할 요소가 가장 적은 제품을 만들면 만족도 높은 제품이 탄생할 거다. 더 나아가 남자는 사소한 거 하나하나까지 신경 쓰는 게 귀찮다. 세수 후 스킨에, 로션에, 에센스, 아이크림… 이런 과정 자체가 무의미하다. 그냥 '올인원' 하나면 된다. 시간이 없어서도, 바빠서도 아니고 그냥 귀찮아서.

[이대남]의 마음을 얻고 싶다면, 섣불리 좋아할 만한 것을 함부로 제시하기보다는 싫어하는 게 뭔지부터 파악하는 게 중요하다. 과연 그럴 생각이 있을지는 모르겠지만 혹시라도 [이대남]을 조금이나마 생각해주고 싶은 마음이 있다면 말이다.

우리가 뭘 좋아하는지도 모르면서
"이게 좋다"라고 단정적으로 말하는 건 삼갔으면 합니다.

우리도 뭐가 좋은지를 잘 모르니까요.

혹시 우리에게 뭔가를 주고 싶다면
"이거 너 싫어하는 거지?"라고 물어봐 주세요.
그때는 대답할 수 있으니까요.

　[이대남]에게 함부로 당신의 취향을 들이밀지 말자. 그런
존재는 [이대남] 인생에서 부모님만으로 충분하니까. 먹여
주지도, 키워주지도 않은 인간들이 나타나서 '짜잔! 널 위해
준비했어'라고 하는 건 우습고, 불필요하고, 귀찮을 뿐이다.
[이대남]이 늘 고민하는 건 '이것 때문에 문제가 생기는 건
아니겠지?'라는, 지극히 방어적인 마음이다. 남자 화장품은
'싫지 않게' 만들어야 팔리는 것처럼 [이대남]의 마음도 '싫
지 않게' 말해야 움직인다.

그래서 바디 프로필을 찍었다

너무 잘생긴 놈들이 많아요.

그렇다고 얼굴을 고칠 수는 없잖아요.

제가 고칠 수 있는 건 얼굴도, 마음도, 영혼도 아닙니다.

오직 몸뿐…

[이대남]은 그래서, '바디 프로필'을 찍었다. 89kg의 몸을 69kg으로 감량했다. 참고로 이 친구는 키가 183cm다. 100일이 걸렸단다. 그는 말을 이었다.

곰이 미나린가 쑥인가만 먹고 인간이 되었다던 그 심정,
이제 이해할 수 있을 것 같습니다.

　돈? 수억 깨졌단다. 바디 프로필은 속된 말로 '돈 지랄'이
다. 열심히 운동해서 살을 빼는 건 바디 프로필을 찍는 데 가
장 기본이 되는 초기 과정일 뿐이다. 왁싱, 헤어, 의상, 식단,
스튜디오 촬영, PT 비용 등등 정말 처음부터 끝까지 돈을 쏟
아부어야 하는 일명 'FLEX 버킷리스트'가 바로 바디 프로필
이다. [이대남]은 그 과정을 수행하면서 장보기 물가에 대해
서도 새롭게 눈떴단다. 식단 조절하면서 먹게 된 방울토마토
가격이 그렇게 비싼 줄 몰랐다나.

　돈도 돈이지만 시간 투자도 어마어마하게 해야 한다고
했다. [이대남]의 경우 영업부서에 속한 구성원임에도 디데
이 한 달 전부터는 하루에 3시간씩 운동하느라 저녁 회식
자리를 피하려고 온갖 거짓말을 다 했단다. 이렇게 해서 찍
은 바디 프로필 사진을 그는 자신의 카톡 상태 메시지에 과
감하게 올렸다. 속된 말로 '웃통 깐' 상체를 드러내면서. 부

끄럽지 않았을까? 천만에.

우선 "멋있다"라는 여자 친구의 말이 큰 힘이었다. 동기들의 "부럽다"라는 칭찬도 마음을 설레게 했다. 물론 안다. 남자가 빤스 하나만 입고 몸을 찍어서 세상에 알릴 이유가 있느냐는 사람도 있음을. 하지만 [이대남]은 말했다.

상관없어요.

내가 나를 만든 게 도대체 얼마 만인지.

내가 만들어낸 결과에 대해 만족하고 싶습니다.

그는 바디 프로필을 찍느라 몸을 만들고 카톡에 사진을 올리며 누군가로부터 칭찬받는 과정에서 자신을 발견했다고 한다. 자신의 바디 프로필에 대한 남들의 평가 따위는 가능하면 신경 쓰지 않을 작정이다. 물론 계속해서 시비를 거는 인간이 있다면 관계 단절(예를 들어 친구 차단 등)을 감행하겠지만.

[이대남]은 마음속 가득한 화를 지극히 건설적이고 건전한 방향으로 풀어낼 줄 알았다. 잔뜩 화난 몸을 통해서 말이다. 바디 프로필을 해낸 소감을 한마디로 말해달라는 요청에 [이대남]은 이렇게 답했다. "앞으로도 제 아름다움은 제가 선택하고 제가 만들 겁니다."

'주목과 관심이 돈으로 환전되는 시대'라고들 한다. 유튜브 조회 수로 장사하는 '사이버 레커'들에 대한 비난도 쏟아진다. 하지만 내 몸, 내가 만든다는 [이대남]의 '멋짐 폭발'에는 그저 열광적인 박수를 보낼 뿐이다. 그나저나 나도 한번 해볼까. (이미 시도는 해봤다. 하루 세 끼 고구마와 삶은 달걀만 먹다가 깔끔하게 포기했지만.)

더치페이 입법화를 청원함

성희롱이란 무엇인가. 여자가 생각하는 남자들의 성희롱은 일단 놔두자. 요즘에는 남자를 향한 여자의 성희롱 역시 빈번하니까.

개그우먼 A 씨 : 방송에서 남자 인형을 만지며 성희롱

방송인 B 씨 : 남자 중학생에게 "에너지를 어디에 푸느냐?"며 성희롱

개그우먼 C 씨 : 남자 출연자의 엉덩이를 만지며 "만져보니까 처지긴 했다"라며 성희롱

개그우먼 D 씨 : 자신의 가슴을 개그 소재로 이용, 성적인 농담을 서슴지 않으며 성희롱

이를 두고 많은 사람은 "은퇴해라!"가 아닌 "남자 연예인이었다면 은퇴각"이라며 비판한다. 사회적으로 강조되는 '성인지 감수성'은 남자들만 높여야 하는 게 아님에도 말이다. 성희롱의 피해는 남녀를 가리지 않는다. 다만 여자에게 관대하고 [이대남]에겐 냉정할 뿐. 그런데 정말 중요한 것이 성희롱의 목록에서 빠져 있다. '돈에 관한 성희롱'.

그 개그우먼의 행동이요? 그럴 수 있는 거 아닌가요?
방송에서 재밌으라고 한 거 가지고
그걸 뭐 죽이네, 살리네…
도대체 어떤 남자들이 그렇게 열 올리며
화를 내는지 모르겠지만 솔직히 그런가 보다 해요.

그런데 그거 아세요? 남자에 대한 진짜 성희롱, 성폭행은 데이트 비용을 남자가 주도적으로 내야 한다는 인식이란 거.

커피를 사도, 점심을 먹어도, 맥주를 마셔도
늘 남자가 돈을 내는 게 '당연하다'라는 생각,
그것만큼 강렬한 성희롱, 성폭행이 또 있을까요?

[이대남]의 말은 계속됐다.

언젠가 팀장님에게 제 여자 친구와의 불평등한 관계에 대해
물어본 적이 있어요. 사내커플이거든요.
같은 직장을 다니는데, 심지어 여자 친구 월급이 더 센데 왜
내가 데이트 비용을 전부 내야 하냐고요.
팀장님이 그러더군요.
"여자는 남자 만날 때 화장하고 와야 하잖아.
화장품값이 얼마인지 알아?"

어이가 없었습니다.
남자 화장품이 얼마나 비싼지 알고 하는 말씀인지.

'성희롱(Sexual Harassment)'의 뜻은 업무, 고용 및 기타 관

계에서 지위를 이용하거나, 업무 등과 관련하여 성적 언어나 행동 등으로 성적 굴욕감을 느끼게 하거나, 성적 언동 등을 조건으로 고용상 불이익을 주는 행위다. 굳이 직장에 국한하지 않는다면 [이대남]의 말처럼 성희롱 개념에 돈에 관한 것도 포함해야 하지 않을까. 인격 대 인격이 만남에도 불구하고 돈은 남자가 내야 한다는 인식. 주변에서 욕을 하건 말건 [이대남]은 그것이 한참 잘못됐다고 생각한다.

같은 남자니까
괜찮지 않냐고요?

한 카드회사 사장이 공식 석상에서 이렇게 말했단다.

"우리가 있잖아. 여자를 구할 때, 예를 들어 룸살롱에 가
거나 어디 갈 때 목표는 딱 하나야. 예쁜 여자. 예쁜 여자는
단가가 있어요. 오늘 갔을 때 옆에 앉으면 20만 원 이런 식
으로 '시간당 얼마' 이렇게 정확하잖아. 그런데 내가 오늘 하
루 즐겁게 놀 때는 예쁜 여자가 최고지만 만약 이 여자하고
평생 간다고 하면 너 그런 여자랑 평생 살겠냐, 안 살지. 무
슨 이야기냐면 카드를 고르는 일은 애인을 고르는 게 아니

라 평생 살 와이프를 고르는 일이라는 거야."

아하, 알겠다. 그의 말은 쉽게 말해 자기네 회사 카드는
고객들이 하루 신나게 노는 여자가 아니라 평생을 두고 함
께 해야 하는 와이프라고. 자기 딴에는 나름대로 '신박한' 비
유를 썼다고 생각한 것 같다. 이를 두고 여자들이 성희롱적
인 표현이라고 비난한다면 다음과 같이 한번 바꿔보면 어
떨까.

"우리가 있잖아. 남자를 구할 때, 예를 들어 호빠에 가거
나 어디 갈 때 목표는 딱 하나야. 잘생긴 남자. 잘생긴 남자
는 단가가 있어요. 오늘 갔을 때 옆에 앉으면 20만 원 이런
식으로 '시간당 얼마' 이렇게 정확하잖아. 그런데 내가 오늘
하루 즐겁게 놀 때는 잘생긴 남자가 최고지만 만약 이 남자
하고 평생 간다고 하면 너 그런 남자랑 평생 살겠냐, 안 살
지. 무슨 이야기냐면 카드를 고르는 일은 애인을 고르는 게
아니라 평생 살 남편을 고르는 일이라는 거야."

[이대남]은 불쾌하다고 했다. 비유의 대상이 룸살롱의 여자건, 호빠의 남자건 그건 그다지 문제 삼고 싶지 않다고 했다. 기성세대가 보고 듣고 그렇게 살아온 세월이 있으니 그런 저급한 수준의 비유가 최선인가 보다, 이해할 수 있다고 했다. (성인군자 다 됐다!) 그가 불쾌한 건 그 이후 사태를 수습하기 위해 발언 당사자인 사장이 했다는 말 때문이었단다.

　　　　방송사가 확인을 위해 물었을 때 그 사장이 그랬다면서요.
　　　　오해받을 수 있는 발언과 단어를 언급해 송구스럽다고.
　　　　딱 거기까지만 얘기했어야 했어요.

　　　　그 사장이 토를 달며 말한 한마디가 '헬'이었습니다.
　　　　"다만 해당 회의에 여자는 없었습니다."

　[이대남]은 마지막 한마디가 불쾌하다. 만약 그 자리에 남자들만 있었다고 해도 그런 성희롱적인 발언을 아무렇게나 발산하는 건 그걸 듣고 있는 자신을 향한 모욕이라는 거다. [이대남]에게도 어머니가 있고, 여동생이 있으며, 여자

친구가 있다. 여자를 아무렇게나 취급하는 기성세대 남자들의 말은 [이대남] 주변에 있는 여자에 대한 모욕과도 같다.

남자건, 여자건 마찬가지다. 명예와 지위가 있다고 '막말 면허증'을 얻은 게 아니다. 오히려 명예와 지위가 주어지는 순간부터 다른 사람들보다 백만 배 더 말과 행동을 조심해야 하는 의무가 생긴 것이다. 그걸 몰랐다고? 그걸 실수했다고? 그럼 죄를 지은 거다. 영화 〈해바라기〉의 주인공 오태식이 말했던 것처럼 죄를 지었으면 벌을 받아야 한다. 그 카드사 사장님, 여자가 아닌 그 회의 자리에 있었던 남자들에게 먼저 사과해야 한다. 사과로 해결이 안 되면 처벌을 받아야 하고.

페북 계정은 세 개가 기본

요즘 아이들은 '카톡' 대신 '페메(페이스북 메신저)'를 쓴단다. 이유는 단 한 가지. 부모님이 안 쓰니까. 당연하다. 내 자식이니까 굳이 모든 것을 알아야겠다는 부모의 쓸데없는 관심이 문제지 그것을 회피하려고 대안을 찾아내는 아이들의 문제가 아니다. [이대남]은 말했다. 우리도 아이들과 비슷하다고.

페이스북 계정이요? 세 개입니다.
하나는 가족이나 직장 상사에게 오픈하는 곳,

다른 하나는 여자 친구에게 오픈하는 곳,

마지막 하나는 저만의 장소랄까요?

사적인 취향이 드러나는 곳이죠.

보이는 모습 또한 마음대로 선택할 수 없고 선택당하는 게 [이대남]의 현실이다. 하지만 [이대남] 역시 내 취향을 고스란히 남에게 드러내는 것에 취미는 없다. 선택을 당하는 쪽이 편하지만 무작정 당하고 싶지는 않아서 자기 나름의 방어 전략을 철두철미하게 세운다고. 페이스북 계정이 세 개나 있는 것도 각각의 계정에 따라 각각의 '자기다움'을 실천하겠다는 지혜에서 나온 것이다.

부모님이 보는 페북 계정에선 착한 아들로 보이고 싶어요.

여자 친구가 보는 계정에선 괜찮은 남친으로 보이고 싶고요.

마지막 계정은… 저도 잘 모르는 사람들과

함께 하는 공간으로 남겨두고자 합니다.

특히 마지막 계정이 중요하다고 했다. 자기 이름을 숨긴

그곳이 '진짜 나'를 오픈하는 계정이라고 말했다. 여자 친구나 부모님이 알면 섭섭할 수도 있겠지만, 최소한 그 정도의 자유로움은 인정해줄 거라는 믿음이 있다고 했다.

솔직하게 사는 것, 중요하다. 하지만 세상이 복잡한 만큼 자기 자신도 그 복잡한 세상에 맞춰 살겠다는 [이대남]에게서 요즘 사회를 살아가는 젊음의 지혜가 보인다. 페북 계정을 세 개, 네 개 운영하며 상황에 맞춰 다양한 모습으로 살아가는 걸 보면서 '뭐 이렇게 감추는 게 많아?'라고 하기보다는 '상황에 맞춰 자신을 잘 세팅하는 사람이구나!'라고 칭찬해주는 건 어떨까.

가끔은 가공된, 하지만 제가 되고자 하는 바로 그 사람으로
살아가고 싶을 때가 있습니다.
어쩌면 그게 '진짜 나'일지도 모르겠네요.

진짜 나, 진짜 내 취향, 진짜 나다움… [이대남]의 모습을 보면서 인생을 살아가는 지혜 하나를 마음 깊이 새긴다. 천

천히, 나 자신의 페이스로 세상을 잘 살아가기 위해서라도.

살 땐 독박,
소유할 땐 공동?

돈 좀 버는 친구 중에 결혼한 애가 있거든요.

젊어서 성공한 인간… 부럽죠. 부평에 집을 샀어요.

그런데 그 친구가 모임에 나와서는 황당하다는 표정으로

말하더라고요.

아내가 그 아파트를 공동명의로 해달라고 했다고.

왜냐고 물으니, 그래야 세금을 아낄 수 있다고.

부부간에는 염치도 무제한인가요.

응? 설마, 하는 내 표정을 보면서 [이대남]은 말을 이어
갔다.

> 결혼은 여자가 남자에게 해주는 일종의
> 은혜적인 '베풂'인가요?
> 왜 남자가 집을 마련해야 하죠?
> 왜 그걸 사다 바쳐야 하는 거죠?

당황할 수밖에 없었던 나의 궁색한 대답은, "옛날부터 그
래왔으니까!"였다. 그러자 또 다른 물음이 곧바로 돌아왔다.

> 왜 이럴 땐 옛날로 돌아가요?
> 결정적인 순간에는.

부당한 성 역할을 대놓고 강요받고 있는 [이대남]에게 어
떻게 대답해줘야 할지 솔직히 잘 모르겠다. 당신이라면 어떻
게 대답해줄 텐가. 그것이 알고 싶다.

휴일 대낮, 남자 셋이 함께
모텔에 들어갔다

여자 친구는 있단다. 그런데 여자 친구가 아닌 남자'들'하
고 모텔을 간다니?

쉬는 날이면 친구 두 명(물론 모두 남자)과 모텔에 갑니다.

남자 셋이 모텔을?

뭔가 의심스러운 눈으로 바라보는 사람이 있겠지만

우리가 대낮부터 모텔을 찾는 이유는

'배틀그라운드'를 즐기기 위해서죠.

[이대남] 몇몇은 인간관계(?)를 위해 모텔에 가서 함께 게임을 즐긴다. 최근 모텔에는 게임에 최적화된 고사양의 PC를 설치해둔 곳이 많다고 했다. '이상한 인간들이네?'라는 시선? 관심 없단다. 내가 떳떳한데 뭔 상관이랴. 아니 내가 떳떳하지 않다고 해보자. 떳떳하지 않은 게 무슨 죄가 될 일도 아니지 않은가. 누구에게 사기를 친 것도, 누구를 때린 것도 아니라면 이건 '이상한' 일이 아니라 나름의 방식으로 스트레스를 풀어내고 있으니 '칭찬할' 일이 아닌가. [이대남]의 생각이다.

남자와 여자는 다르다. 다른 게 틀린 것은 아니지만 다른 건 분명하다. 여자들이 호텔 방을 잡고 맛있는 것도 먹고 밤새 이야기를 나눈다는 '호캉스'를 남자들이 이해하지 못하는 것과 마찬가지다.

남녀의 다름을 보여주는 사례로 이런 것도 있다. 아내가 난치병에 걸렸다. 병을 치료할 수 있는 특효약이 있지만 가격이 너무 비쌌다. 남편이 나중에 약값을 갚겠다고 했지만 약을 파는 사람은 단호하게 거절했다. 남편은 그를 살해하고 약을 구해 아내를 치료했다. 이 남편을 어떻게 바라봐야 하는가.

이에 대해 남자와 여자의 판단은 판이하다. 대다수 남성은 안타깝지만 그래도 중형을 선고해야 한다는 의견이 많았고, 반대로 여자는 남자의 딱한 처지를 고려해 중형은 안 된다는 의견이 많았다. 다시 말해 남자는 원칙을 중요시하고, 여성은 관계를 중요시한다고 볼 수 있다. 이러한 결론을 두고 전문가들은 '남자는 성인이 되면 어머니와 감정적으로 거리를 두지만, 여자는 어머니와 관계를 계속해서 유지하기 때문'이라고 분석한단다.

성인이 돼서도 어머니와의 관계를 유지하는 여자들은 관계를 맺고 유지하는 데 우호적인 반면, 어머니와의 관계가 일찍 단절되는 남자는 독립적이고 성취 지향적으로 변한다. 따라서 하나의 사안을 두고도 생각하는 방식과 해결책이 다를 수밖에 없다. 여성은 공감을 통해 대화를 능숙하게 이어가지만 남자는 누군가와 대화하는 걸 어려워하고 자신의 의사나 감정을 표현하는 것에도 서툴다.

여기서 이런 의문이 생길 수도 있다. '남자들은 끼리끼리 잘 뭉치던데? 친한 사람끼리 잘 어울리고 잘들 뭉쳐 다니던데?' [이대남]의 답변을 들어보자.

관계 맺는 것을 잘해서 남자끼리 뭉치는 게 아니에요.
관계를 맺는 것이 서투르기 때문에,
어떻게 하면 적이 아니라는 걸 증명할지 몰라서
원하지도 않는 '뭉침'에 목매달고 있는 겁니다.

몸에 안 좋은 술을 마시고, 만병의 근원이라는 흡연을 하고,
운동도 안 되는 당구와 게임을 하면서 말이죠.
안 그러면 무리에서 쫓겨날까 두려워서요.

관계는 맺고 싶은데 그게 익숙하질 않으니, 즉 함께 대화하고 감정을 나누는 것에 서투르니, 술과 담배, 당구와 게임을 소환해서 관계를 맺는 도구로 사용하는 것일 뿐이라는

말이었다. 이제야 남자 셋이 휴일 대낮에 모텔에 우르르 몰려 들어가는 모습이 이해가 된다. '관계를 맺기 위해 모텔을 이용(?)하는구나!' 그들의 현명함에 박수를 보낸다. 반대로 나의 편협한 사고방식에 깊은 반성을 고한다.

훤한 대낮에
수의를 입고 다니는 기분

미국의 소설가 나다니엘 호손의 소설『주홍글씨』는 17세기 중반을 시대적 배경으로 하고 있다. 늙은 의사와 결혼한 '헤스터 프린'이라는 젊은 여인은 아버지를 알 수 없는 사생아를 낳은 죄로 '간통(Adultery)'을 뜻하는 글자 'A'를 가슴에 달고 일생을 살아가는 형을 선고받는다. 일종의 '낙인'이었다. 헤스터 프린의 간통 상대는 마을 목사 '아서 딤스데일'이었다. 딤스데일은 양심의 가책에 시달리면서도 사람들에게 존경받는 성직자로서 하나님 말씀을 전하는 위선적인 생활을 이어간다.

거창하게 줄거리를 설명했지만 요약하면 '남자가 나쁜 놈'이라는 내용이다. '나쁜 놈' 하나 때문에 죄 없는 – 게다가 입까지 무거운 – 젊은 여인은 낙인이 찍힌 채로 수많은 시간을 견뎌야 했으니 말이다. 17세기 중엽을 배경으로 19세기 초의 작가가 쓴 이 소설을 읽으면서 문득 이런 생각이 들었다. 지금 이 시대는 [이대남]의 가슴에 'A'가 아닌 'R'을 새겨넣은 건 아닐까, 하는. 'Rape', 즉 '강간' 말이다.

언젠가 [이대남]이 나름대로(?) 진보적인 독서 모임을 찾았더란다. 꽤 진보적인 성향을 지닌 그였기에 여성 문제에 관한 책을 읽고 토론하는 모임을 일부러 찾아간 것이었다. 어느 정도 마음의 준비를 하고 갔지만 자기 또래의 여자가 남자를 일반화해서 '잠재적 강간범'이라고 말하는 것에 충격을 받았다고 했다. 물론 그 여자가 받은 차별적인 경험들이 상처가 됐을 거라는 데 동의는 한다. 자신이 겪은 차별적인 문제, 예를 들어 성차별적인 발언, 불유쾌한 신체적 접촉 등의 경험을 예로 들었으니까.

그분의 고통, 분명히 힘들고 괴로웠을 겁니다.

하지만 그렇다고 해서 모든 남자를

'성욕에 사로잡혀서 기회만 되면 강간 또는

그 유사행위를 하려는 존재'로 취급한다면

남녀는 어떻게 대화하죠? 어떻게 관계를 맺냐고요.

대입을 앞둔 학창 시절엔 게임의 유혹에 빠져서

원하는 대학에 못 갔고

대학에 들어와서는 캠퍼스 낭만이 뭔지도 모른 채

개처럼 군대에 끌려갔는데

정작 취업하고 사회에 나오니

이제는 '잠재적 강간범' 취급까지…

왜 우리를 못 잡아먹어서 안달인 거죠?

결국 [이대남]은 총 6회가 예정된 모임에 3회까지만 참석하고 말았다고 했다. '정말 그러한가? 나 역시 잠재적 강간범인가?'라는 생각에 이르자 별별 생각이 다 들었단다. 예쁜 여자를 슬쩍 쳐다보는 자신을 자각하고 '시선 강간자'인가, 라는 생각에 자괴감을 느꼈다고 했다. 너무 심한 거 아닌가. 모든 남자를 여자만 보면 어쩌지 못해 안달 난 수캐마냥 바라보다니.

과연 그런 모임에서 그런 이야기로 그런 주장을 내세우는 그녀들은 무엇을 노리는 것일까. 전쟁을 일으켜 남과 여가 대립하는 그 순간을 즐기며 자신의 이익을 취하려는 것일까. 어떻게 '잠재적 강간범'이라는 말을 대단한 발명인 양 세상에 내뱉는 것일까. [이대남]은 말했다. "훤한 대낮에 수의를 입고 다니는 기분이 들었습니다. 이제 여자가 두렵습니다." 남은 감정은 좌절과 분노뿐이라는 그의 말에 위로를 보낼 수밖에 없는 현실이 안타깝다.

남근 숭배? 남근 의무!

대를 이을 아들만 최고라 여겼던 그 옛날 우리 부모님들은 딸을 두고 이렇게 말했다. "고추도 없는 게", "키워봐야 헛것"이라고. 이를 두고 '남근 숭배 사상'이라고 말하기도 한다. [이대남]에게 이런 말들? 지겹다. '남근(男根)'이라니! 남근이 단순히 생물학적 역할이 아닌 사회적으로 중요한 역할을 하던 때가 분명 있긴 했다. 하지만 지금 세상은 그때와 완전히 바뀌었는데 '남근 숭배 사상'이란 말을 아직도 하고 다닌다니 [이대남] 입장에선 기가 막힐 노릇이다.

남근으로 덕을 본 게 뭐가 있다고요.

혹시 여동생이나 누나 없냐고요?

그들보다 혜택 입지 않았냐고요?

저, 외동인데요?

집에서도, 학교에서도, 사회에서도

비루먹은 개새끼처럼 빌빌대면서 사는 제가

무슨 남근 덕을 봤나요?

거꾸로 국방의 의무다 뭐다 해서

'덤탱이'만 쓴 게 저 아닌가요?

반발은 예상외로 거셌다. 그가 들었다는 말은 '남근 숭배'가 아니라 '남근 의무'만 가득한 말들이었단다. "고추 달고 나와서는 그게 뭐냐?", "키워봐야 헛것"(요즘 세상엔 딸이 아들보다 결혼하면 더 효도한다나 뭐라나), "결혼해서 애 낳으면 남편과 아내 공동 성씨".

사십 대 이상의 여자에게 물어보자. "다시 태어난다면 남자로 태어나고 싶습니까?" 아마 반 이상 그렇다고 할 것 같다. 하지만 이십 대 여자에게 같은 질문을 던진다면? 미쳤냐는 욕이나 듣지 않으면 다행이다. 요즘 이삼십 대 여자들에게 남근 따위는 선망의 대상이 아니다. 여자가 남자의 지배하에 있다고 생각하는 여자? 더는 없다.

여자들에게 남자는 머릿속에 성욕만 가득 차 있고, 술만 퍼마시고, 잘 씻지 않고 담배 냄새나 풍기는 그런 저급한 '동물'일지도 모른다. 그런데 무슨 남근 숭배? 좋다. 여전히 이 사회의 지배적(?) 세력인 사십 대 이상 남녀의 머릿속에 남근이 찼다고 해보자. 하지만 그게 뭐? [이대남]에게 무슨 이득이 있는데?

숭배는커녕 남근에게 의무만 듬뿍 안겨준 세상은 [이대남]에게 미안해해야 한다. 숭배가 아닌 경멸과 적대의 대상이 된 남근 때문에 피로한 삶을 사는 [이대남]에게 제발 이익 보지 않았느냐며 비아냥대지 좀 마라. 기본 예의 좀 지키란 말이다.